JN181232

捨身（しゃしん）の願い

～新潟県の特別支援教育を切り開いた人々～

新潟県特別支援教育史研究会

はじめに

平成19年度に特別支援教育が法的に位置付けられてスタートしてから、新潟県においてもこの教育は拡大を続けているようです。手元にある新潟県の資料を見ると、平成19年度の公立特別支援学校は本校が20、分校が7でしたが、平成26年度には本校が29、分校が6となり、それが裏付けられています。

又、小中学校においては特別支援学級や通級指導教室が大変増加し、主として発達障害と言われる子どもたちに重点を置いた取り組みがなされているようです。

特別支援教育の隆昌を語るとき、量的拡大だけに視点を置くのはあまり好ましいことではないことを承知しながらも、この教育に身を置いてきた私としては、一往の安堵は感じているのですが。

先年、現役としてバリバリ働いている校長先生たち（私の現役時代に共に働いた仲間）の嘆き節を聞いたことがあります。それは色々とあるのですが、少し列記すると以下のようであります。

・特別支援教育の専門性の向上とは言うが、人事異動等で教員の出入りが激しく、長期的な教育の継承が出来ていない。

・多くの新採用教員が念書人事等により配置されるが、特別支援教育を理解し始めたころに異動となり、人材が奪われていく。

・勤務条件や経済的理由のみで勤務し、特別支援教育を腰掛け的に考える教員も多い。

・教員は日々の指導のみに汲々とし、この教育の原点や神髄を学ぼうとしていない。

・保護者は、今の個人的要望のみを主張し、この教育を立ち上げた先輩保護者の苦労を学ぼうとしていない。

・発達障害等、膨らんだ教育対象者の目先の指導に振り回され、特別支援教育の基本を考える余裕を失っている。等々。

この嘆きの解決はそう簡単にはいかないのですが、強い意見として出た一つに「特別支援教育の原点や発祥の思想等が継承されていないからだ」というのがありました。そして、「この教育に携わる教員の意欲や信念を向上させるためには、特殊教育（特別支援教育）の黎明期に障害者のための教育の必要性を説き、身を捨ててこの教育の発展に尽力した先人たちや団体の動きを学ぶことが必要だ」と言うのです。

なるほど、それもそうだなと思いました。量的に拡大する特別支援教育の時代、苦労してこの教育を立ち上げてきた先達の思想・信条・活動のエネルギー等を学ぶことは、確かに質的な補強の一つにはなると思ったのです。そして、先人たち何人かを取り上げて小冊子でも作ろうかと。

本書の企画は、前述したように私の独り合点から出発したようなものですが、幸い坂井信也氏や小杉敏勝氏に相談したら、「それは良い企画ではないか、協力するよ」ということになりました。更に、現職の校長先生方にもお願いして執筆の運びとなりました。

今回取り上げた人物や団体は13でありますが、新潟県の特別支援教育の礎を築き、その思想・心情・活動の姿を今日にまで語り継がなければならない人物や団体は他にも多数あろうかと思います。紙面の関係でここでは取り上げることが出来なかった先人や団体、また、隠れた偉人等、その数は多いと思います。それらは、機会があったらまた企画することにしますが、新潟県の特別支援教育の原点や源流に興味のある方々が、私のこの企画を継承してくださることも期待しております。

さて、本書のタイトル「捨身（しゃしん）の願い」でありますが、これは「米一升運動」を展開して高田養護学校を創立に持ち込んだ徳山ミサヲの活動信念であります。彼女が詠んだ和歌に登場する言葉ですが、徳山は全ての責任を一身に背負い、正に身を捨てる覚悟で養護学校創立に取り組みました。この姿は、本書で取り上げた個人や団体に共通する信念であると理解し、タイトルに採用しました。

次に、本書を編集した「新潟県特別支援教育史研究会」について触れます。この研究会は、新潟県の特別支援教育の源流を探りながら、そこに関わった人々の思想・心情・活動等の姿を明らかにし、それを今日に語り継ぎたいという目的で活動しています。今後も拡大が予想される特別支援教育を、もう一度原点から振り返り、草創期の人々の思いや神髄を、今後の特別支援教育の発展に活かしたいと考えていますが、本書がその一助になればと考えています。

最後に、現職でご活躍の先生方、そして関係者の方々、ここで取り上げた先人たちが苦労の末に勝ち取ってきた特別支援教育を、どうか大切に継承して下さい。そして、更なる発展にご尽力をお願い致します。

平成26年11月1日

丸山昭生

目　　　次

捨身の願い

1 徳山ミサヲ

～「米一升運動」をとおして知的障害児の養護学校創立へ～

要旨　知的障害児を孫としてもった徳山ミサヲは、上越地区に障害のある子どもたちのための療育機関が必要であると考えた。彼女は、当時、上越婦人協議会長をしていたので、この組織を基に昭和 37 年（1962）上越心身障害児療育機関設置期成同盟会を設立し、療育機関設置に立ち上がった。

上越地区婦人会員約４万人から、一人一人「米一升」（当時 125 円相当）の寄付を募り、これを基金にして療育機関の設置を行政に働き掛けようとした。この運動は、４万５千人の署名と 500 万円の浄財を集めた。

結果として、県下で２番目の知的障害児のための養護学校である県立高田養護学校（現高田特別支援学校）創立に結び付いていった。これが後生語り継がれている「米一升運動」である。

徳山は、療育機関の設置という大願成就のために（結果は養護学校という教育機関となった）、自らを「一粒の麦」として「捨身の願い」で取り組んだと述懐しているが、その運動は苦難の連続であり過酷なものであった。しかし、諦めない信念、婦人会組織の結集、母親と女教師の会の協力、初代校長となる中村憲三との出会いなど、彼女の信念は多くの理解者に支えられ、その願いは成就することになった。

昭和 43 年（1968）５月１日、県立高田養護学校は開校するが、学校創立に貢献した徳山は、その後 PTA 会長を務めるなど、その後の学校の発展にも尽力することになる。

徳山の信念や行動は、後世の特別支援教育関係者に多くの示唆を与えた。特別支援教育の原点を忘れない意味でも、彼女の生き様は語り継いでいきたいものである。

1　徳山ミサヲの生い立ち

(1) 出生と幼児期

徳山ミサヲは、明治 31 年（1898）２月９日、新潟県中頸城郡潟町村（現上越市大潟区）の寺（西念寺）で、父義諦、母初美の長女として誕生した。兄（普行）に次ぐ第２子であったが、その後、弟（義雄）と妹（寿）が誕生し、

徳山ミサヲ

4人兄弟として育った。

ミサヲが晩年刊行した歌集「来し方」(1979)の序文によれば、自分は貧しい小寺の長女として生まれ、厳しい学者肌の父と優しいしっかり者の母とに育てられ、「お寺のへめ(姫)ちゃん」という愛称で村の人達にちやほやされながら幸せな少女期を過ごしたとある。また、祖母の膝で貝合わせの恋の歌を聴いたり、母からもらった百人一首を暗記したりしたことが、その後の歌への関心の芽を育んだようだとも述べている。

(2) 教職への道

明治44年(1911)潟町村立潟町尋常小学校高等科を卒業した徳山ミサヲは、その後一年間同校校長の夜間補習授業を受ける。それは、学資なしで学べる師範学校の公費奨学生を狙ってのことであったが、大正2年(1913)、念願が叶って長岡女子師範学校の一部へトップで入学した。

入学生は、上越地区からわずか3人であった。師範学校では、全寮制の中で国民教育の担当者としての素質をたたき込まれたが、大正6年(1917)3月、主席で免許状を授与され、同日、県知事より特別褒賞状と記念銀時計を授与された。

歌集「来し方」によれば、長岡女子師範学校卒業時、ミサヲは師範学校校長からお茶の水高等女子師範学校進学の強い薦めがあり心も動いたが、兄が慶應義塾大学在学中であり、経済的に苦しい家庭事情を考え、高等師範学校への夢を抱きつつも(兄の卒業後に志望を果たしたいと考えていたようだ)、その年の大正6年(1917)から新潟県の小学校教師としての道を歩むことになる。赴任先は北蒲原郡のさびれた漁村であった。ミサヲ19歳の年である。

就職後、密かに高等師範学校への入学準備をしつつも、16円の月給のうち8円を家に仕送りしていた。しかし、その年の10月に父(義諦・56歳)、翌年9月に兄（普行・24歳）が他界するという大きな不幸に見舞われたのである。

(3) 燃える向学心、それを断念しての結婚

家がこのような不幸に見舞われた状況の中でも、徳山ミサヲの向学心は衰えることがなかった。当時、多感な思春期のミサヲには、次のようなエピソードがある。

家の不幸の直後、高等女子師範学校への向学に燃えるミサヲは、母、妹、祖母を残し、ある大雪の夜に家出を敢行した。しかし、大雪で列車が不通のため、高田駅前の旅館に身を潜めていたところを、後を追ってきた母に捕まってしまう。そして、「そんなに頑固なら母子の縁を絶ってゆけ。今日限りで親でもない子でもない。どんなことがあっても家に帰るな」ときつい勘当の宣告を受けてしまう。家は、弟がすでに叔父の家督を継いで離籍しており、妹はまだ6歳の幼女だった。このままだと生活力もなく、頼る者もない家族となってしまう。このような家族を見捨てて、自分の望みのためにのみ生きることが人間の道でないと考えたミサヲは、死んだ思いでこの寺に残り、婿養子を迎えて家督を継ぐ決心をしたのである（歌集「来し方」より）。

大正11年（1922）4月、ミサヲは写真さえ見ずに、寺の二男（秀雄）と結婚した。ミサヲ24歳、秀雄27歳であった。結婚後、火災にあった寺の再建や障害児の孫の養育等に夫婦で協力しながら、夫が昭和39年（1964）1月、69歳で亡くなるまでの42年間を連れ添うことになる。

ミサヲは、高等女子師範学校への夢をたたれ、不本意な中で25年間教職生活を過ごすが、その間、持ち前の負けん気を発揮し、諸活動に専念して多くの実績を残した。

結婚後、3人の男子（長男文秀、二男昭秀、三男義秀）を授かるが、母や女中に養育を頼み、教職の道を歩み続ける。そんな中で、中頸城郡女教員会を創設して会長職に就いたり、和歌研究に没頭したり、焼失した本堂の再建に奔走したりした。

(4) 不本意な退職、そして本堂の再建等の活動

生家の西念寺は歴史の古い寺で、300年間継承されてきた。この本堂が昭和15年（1940）12月13日、突然の落雷によって焼失した。翌年の昭和16年（1941）12月8日、太平洋戦争が開戦される状況下で本堂の再建に取り組むが、物資不足もあって大変な難事業となった。

本堂の再建、母の老衰等への対応は、ミサヲの肩に重荷としてのしかかってきた。そんな中、それらの問題解決のために、不本意ながらミサヲは25年間の教職生活を退くこととした。昭和17年（1942）、ミサヲ44歳のときである。

退職後、夫と共に本堂の再建に精を出し、昭和18年（1943）4月、基礎と柱と瓦屋根だけの荒工事を終了する。この年、ミサヲらは苦労して建立した未完成の本堂を、惜しげもなく農繁期季節託児所に解放する。翌年（1944）季節託児所を改めて通年制の私立西念寺保育所（幼児100人余）を開設し、自らが園長となった。

一方で、ミサヲは、集落の婦人会を組織し（1947）、その後婦人会の拡大を図ったり、上越婦人会館を建設して（1961）初代理事長になったりと活躍を続けた。実はこの婦人会の活動が、後の髙田養護学校開学への運動と結びついていくのである。

2 心身障害児療育機関の必要性

(1) 障害を背負った孫の誕生

徳山ミサヲは、婦人会等の社会的活動をとおしながら充実した生活を送っていたが、後半の人生は、障害を背負って不就学である子どもたちへの対策に奔走することになる。その端緒となったのが、障害を背負って生を受けた孫の存在である。

昭和31年（1956）8月27日、男孫（秀顕）が難産の末に脳性まひ児として生まれ、それによる後遺症で知的障害、言語障害、肢体不自由（ミサヲはこれを三重苦という）を背負ったのである。家族はこれに大きな衝撃を受け

たのであるが、ミサヲもまた、孫をだきながら夫に口説くことしきりだったという。歌集「来し方」によれば、夫（秀雄）は「泣くな嘆くな。どうにもならぬわれわれの宿業なのだ。業を果たしつつ前進するのだ。泪をぬぐってこの子の前途を拓いてやろう」とミサヲを力強く励まし、ミサヲは夫の言葉に幾度も涙を払ったという。

翌年の春、孫の股関節脱臼治療のため聖路加国際病院に入院するが、この時、付き添いの母親が突然失踪し、ミサヲらは更に衝撃を受けるのである。

その後、孫の治療に病院巡りを繰り返したが、結局「はまぐみ母子入園」ということになり、ミサヲは世捨て人にも似た気持ちで訓練のために孫と籠もったという。しかし、ここでも、「治療の見込みのない重度の脳性まひ」との診断を受けた。ミサヲは「母親のいないこの不幸な子の親になろう」と、夫と手を取り合って涙したという。

歌集「来し方」には、その当時のミサヲの心境が、「宿業」「はまぐみ日記」の項目に収録されているのでいくつか紹介する。

先天性脳性麻痺の診断は　鉄槌のごと脳天を打つ　「宿業」

治療の途なしと宣べられ長き世の　辛さ思ひてほとほとと泣く　「宿業」

足萎えて物もえ言わぬ孫に従りて　世を捨てしがにはまぐみに入る

「はまぐみ日記」

物言えとその頭さへ打ち叩き　焦れど悲し唇ふるふのみ　「はまぐみ日記」

はまぐみ母子入園での血と汗にまみれたような苦行の結果、ようやく歩き出し、片言らしい発音も出るようになった。しかし、孫のその後の進路は厳しいものだった。

昭和37年（1962）、孫（秀顕）が学齢に達した。しかし、ミサヲの言を借りれば、「就学猶予」という「体裁のよい就学拒否」にあった。秀顕を始め多くの障害児が、このように就学拒否されている現実に直面したミサヲは、ここで一大決心をする。自らが「一粒の麦」となり、「捨身のねがい」を固め、障害児のための療育機関設置の運動を始めるのである。

(2) 不就学児のための療育機関の必要性

当時、不就学児の解消のために、養護学校の必要性が全国的に叫ばれていた。しかし、新潟県では、その運動はまだまだ遅れていた。

徳山ミサヲらの調査（1963）によると、上越地区には511人の不就学児がいた。当時の思いを、ミサヲは、高田養護学校創立十周年記念誌（1977）で次のように振り返っている。

「私達の身辺にはいかに不幸な子の多いことか。物が言えぬ、見えぬ、聞こえぬ、手足がきかぬ、知能が足りぬ等々の子らは、友達が嬉々として学校へ行くのに、行く所のない不幸を嘆いている」

そこでミサヲは、不就学児の療育機関を創設するために、彼女が関与している婦人会の組織を使い、上越一丸の組織力でこの願いの成就に取り組んでいくのである。

3 高田養護学校開学への運動（療育機関の設置運動）

(1) 運動の組織づくり

高田養護学校創立五周年記念誌（1977）によれば、昭和30年代後半、母親の慈悲と女教員の愛情とで子どもたちの幸福を願い、上越母親と女教員の会が活発に活動していた。昭和36年（1961）、「恵まれぬ子の教育をどうするか」の部会では、「団体の力でそうした子供達の療育機関を造る運動をおこそうではないか」と申し合わせた。

徳山ミサヲは、昭和31年（1956）から上越婦人協議会の会長をしていた。障害を負った孫の誕生で、恵まれぬ子への関心が高まったミサヲは、上越母親と女教員の会の協力を得、上越婦人協議会の組織を土台として、昭和37年（1962）上越心身障害児療育機関設置期成同盟会（以下期成同盟会）を創設した。

昭和38年（1963）3月、ミサヲは期成同盟会に、上越地区の婦人会員4万人を即会員として加入させているが、委員長にミサヲ（中頸城連合婦人会長）自らが就任し、副委員長に渡辺カツ（高田市連合婦人会長）、和栗クニ

(東頸城郡連合婦人会長)、委員に倉科春野（新井市連合婦人会長)、上原静（直江津市連合婦人会長)、金子ウメ（糸魚川西頸城連合婦人会長）らを配し、盤石の組織を構築した。そして、不幸で恵まれぬ子どもたちのための療育機関設置に動き出したのである。

なお、ミサヲがこの運動を展開する中、昭和39年（1964）1月15日、よき理解者であり支援者であった最愛の伴侶（秀雄）を亡くした。秀雄69歳、ミサヲ65歳であった。ミサヲはこの悲しみを乗り越え、運動に邁進していくのである。

(2)「米一升運動」の展開

療育機関設置という目的を達成するために期成同盟会が行った手法は、後世「米一升運動」と呼ばれものである。これは、賛同者が無理なく資金提供ができ、しかも強力な組織力を発揮しながら、当初の目的を達成するための優れた手法であった。

昭和39年（1964）11月、徳山ミサヲらは、施設誘致のための基金を得るため、全会員4万人にもれなく趣意書を送付した。その中身は、翌年の昭和40年3月末までに、会員一人当たり米一升、またはそれに相当する125円（当時の価格）を寄付し、総額500万円の基金を集め、更に賛同の署名をも集めるという内容であった。これを「米一升運動」という。

この運動に対し、多くの批判が出た。「県のする仕事に何も婦人会がおせっかいな」「会長が自分の売名行為のためにする仕事に協力の要なし」等々であった。ミサヲはこの運動を展開するに当たり、「捨身の覚悟」をしており、意に介さなかった。そしてその心境を、次のように和歌に詠んだ。

一粒の麦たらんとて或る一夜　捨身のねがひ固めけるかも

運動の結果、目標の基金500万円と4万5千人の署名簿（ダンボール5箱分）が集まった。これは、各地区会長はもちろんだが、地区役員の並々ならぬ苦労があっての成果で、ミサヲは「正に愛と汗ににじんだ金だ」と語っている。その寄付金の内訳は下記のとおりである。

・中頸城郡連合婦人会	1,565,000円
・糸魚川西頸城連合婦人会	894,000円
・高田市連合婦人会	685,000円
・直江津市連合婦人会	585,000円
・新井市連合婦人会	555,000円
・東頸城郡連合婦人会	555,000円
・上越女教員会	138,000円

ミサヲらは、基金や署名集めと並行して陳情活動も行った。高田市、上越地区一円、県関係と幅広く、その仕事量は膨らむ一方であったが、基金や署名簿の後押しがあって運動に更に拍車がかかった。

当時の新潟県知事塚田十一郎は、この運動の結果にさすがに驚いたが、新潟地震（1964）の復興もあるので、それまで待ってほしいとミサヲに語ったという。

ミサヲらの陳情活動はその後も激しく続き、行政の諸会合や市町村長会等で発言を求め、「療育機関の設置」を身の程をわきまえぬ活動で執念深く迫った。後日、その時の心境を、以下のように和歌にしたためている。

一粒の麦たらんとて身の程も　知らぬ悲願に執念(しっこ)くも起つ

(3) 大人(うし)との出会い

徳山ミサヲらは、法律や規則、慣習に則ることなく、無手勝流の運動を繰り返していた。それでも一つの根拠といえば、過去に、婦人活動の拠点である「上越婦人会館設立運動」で培った手法である。それも正に「米一升運動」と同じ手法で、それが「療育機関設置運動」に繋がっているのだが、それでも運動は行き詰まってきていた。

そんな光の見えない運動の連続で、挫折の繰り返しが続いていた中、そこに一つの光明を与えてくれたのが、県教育委員会で特殊教育担当の指導主事をしていた中村憲三である。

ミサヲと中村憲三の出会い、そして運動の方向転換に至る経緯は、高田養護学校創立五周年記念誌（1972）や創立十周年記念誌（1977）からうかがうと、以下のようである。

「……ところが神仏は私達を見捨てなかった。まことによい指導助言者に出会ったのである。五里霧中の私は訴えるところを求めて出県し、ふと疲れた心身を新潟ホテルのロビーに運んだ時に、全く偶然に中村憲三先生との出会いに恵まれたのである。不思議な出会い。わらにもすがりたい心情をききとって先生は、明るい今後の方向の示唆を与えてくださった」「結局、成果を促進するには、補助金の遅い厚生省関係の施設を望むよりも、案外早く金のさがる文部省関係の養護学校をねらったらどうか。期する高嶺はひとつ故早い方から着手しよう。幸い県には精薄（原文のまま）養護学校設立の動きもあることからと、県の事情に詳しい先生は、早期実現の具体的運動方策を示してくださったのである」「……まことに“出会い”ということが、事の方向や成果に異変をもたらす偉大なる運命であり、仏の大命であるように思えてならない。このとき、中村先生に出会わなかったら、どうなっていただろうか。今も感無量のものがある」

その後、養護学校設立へと運動は方向転換していくが、ミサヲは中村憲三との出会いの喜びを、高田養護学校創立五周年記念誌（1972）に、次のような和歌で披露している。

出逢いとは有難きかなこの大人（うし）に　力を得たり仏恩（ぶっとん）とせん

（大人とは、中村憲三のこと）

(4) 高田養護学校の創設へ

徳山ミサヲらの運動は、その後多くの人々の心を揺り動かし、そして多くの人々の協力を得て大願を成就させることになる。運動の主力は婦人会であったが、中村憲三、女教師の会、知事を始めとする各行政機関、県市町村議会等々、多数の協力と支援を受けた。

特に地元の高田市議会では、昭和42年（1967）10月9日、城西中学校に統合した旧金谷中学校の校舎・敷地（21054.45㎡）を、高田養護学校建設のために県に無償提供することを満場一致で可決している。

そして昭和42年12月21日、新潟県教育委員会は、新潟県立高田養護学校の新設を決定する。また、翌年の昭和43年（1968）1月1日、校長に中村憲三（県初代特殊教育担当指導主事を勤め、当時は教育庁上越教育事務所学校教育課長）、教頭に中村秀雄（糸魚川市立糸魚川中学校特殊学級担任）、事務長には県の行政経験豊かな横尾篤が発令された。

少し横道にそれる。

当時、新潟県内では、養護学校の設置運動は三条地区でも展開されていた。当初県は、運動を早くから展開していた上越地区に、県初の養護学校設置を考えていた。しかし結果は、昭和40年(1965) 9月1日に新潟県立月ヶ岡養護学校が県初の養護学校として創立された。この学校は全国でも10番目という早さであった。月ヶ岡養護学校が高田養護学校を追い越しての設置に至る経緯は、別項（「酒井誠治」）を参照いただきたい。

また、「米一升運動」で得た浄財は、土地購入資金が不要となったため期成同盟会に変換された。その浄財は、その後、高田養護学校で学ぶ子どもたちのために、カラーテレビ、校務用乗用車、ピアノ、通学道路用土地買収費、学校園造園費用等に当てられたことを付言しておく。

さて、昭和43年(1968) 5月1日、新潟県で2番目の知的障害養護学校（県立高田養護学校）が誕生した。ミサヲは、不幸な子どもたちのために療育機関の設置を願い、身を捨てて非難と苦労を一身に背負ってきたが、その殿堂(学校）の実現を目の当たりにしたときの喜びを、次のように和歌に詠んだ。

殿堂は遂に成りけり　喜びの極みの涙に光る柏楊

徳山は、PTA会長に就任するなど、その後の高田養護学校の充実にも尽力し続けた。昭和47年(1972) 建立、高田養護学校のシンボル「結願の像」に刻まれたミサヲの和歌、「撚り合えば母の毛綱は強かりき　この子呂の家かくも建ちけり」も深く心に残る。

4 徳山ミサヲの幅広い社会的活動と貢献

(1) 幅の広い社会的活動家

徳山ミサヲは、天分に恵まれた才媛であったが、それに加えて努力の人でもあった。和歌に詠まれたように、目的に突き進む姿は正に執念(しっこい)のである。

期成同盟会による高田養護学校の設立運動はもとより、ミサヲは幅の広い多くの社会的活動に貢献しているが、その主な活動を以下に紹介する。いずれの活動も諦めない強い執念をもって取り組んでおり、期成同盟会の活動に肩を並べるものである。

(2) 女教員会での活動

年月は不明だが、教職時代、徳山ミサヲは中頸城郡女教員会を創設し、自ら会長の職に就いている。また、退職してからも女教員会との関係を続け、昭和47年(1972)上越退職女教師会会長に就任、その後、新潟県の同会会長、全国の同会副会長等を歴任している。

教職時代からの女教員会との関係が、「米一升運動」における上越女教員会の寄付金に繋がり、更に退職女教師の会の役職歴任へと繋がっていると考えられる。

(3) 婦人会での活動

徳山ミサヲは、上越地区連合婦人会の組織力を駆使しながら、「米一升運動」の手法を用いて、高田養護学校の創立運動を展開したのだが、実はこの運動にはお手本があった。それは、上越婦人会館の設立運動である。以下、上越婦人会館の「十周年記念誌」(1971)により、その概要を綴る。

昭和30年代、新潟県の婦人会運動は年々拡大・充実していったが、それぞれの地区でその拠り所となる集会所等の拠点地の確保に苦労していた。特に中頸城郡連合婦人会は、妙高から米山にわたる広大な地域と、会員1万1

千人を擁する大所帯であり、役員会や代議員会は、学校、会長宅、旅館、商工会議所、銀行ホール等を借用して開催していた。

昭和34年（1959）、新潟に初めて婦人会館が建設されたことにも刺激されて、上・中越地区にも同じ会館を建設したいという機運が一気に高まっていった。このような機運の中、中・下越に先駆けて昭和31年（1956）上越婦人協議会を結成していたミサヲらは、この組織の研修や憩いの場として、婦人会館の建設を真剣に考えるようになった。そこで昭和34年（1959）11月に上越婦人会館建設準備委員会を組織し、ミサヲが委員長となって運動を展開することになった（上越心身障害児療育機関設置期成同盟会設立の3年前である）。

この婦人会館建設の運動は熾烈を極めた。特に建設地や建設資金が問題であった。ミサヲらは、県や市町村への陳情と補助金の申請、また、地元名士への特別基金の依頼、上京して郷土出身名士への寄付金の依頼、会員からの自己資金の調達等、2か年の集中的な凄まじい活動を展開した。苦労の末に資金も徐々に集まり、建設地は高田電報電話局の移転跡地に決定した。

この運動で、自己資金集めに取られた手法が、婦人会員全員から一人100円（又は米一升）を集めることであった。上越心身障害児療育機関設置期成同盟会の運動は高田養護学校開設という形で結実したが、その際の「米一升運動」という手法は、この時すでに試みられていたのである（つまり、ミサヲは、「米一升運動」を2回行ったのである）。

ちなみに、ミサヲらがこの時にあつめた資金の主な内訳は以下のとおりである。

・上越婦人会員　870万円（100円又は米一升による寄付金）
・一般寄付　56万円　・県費補助　300万円
・高田市　300万円　・上越市町村　200万円
・県市町村会　約50万円　（・銀行借受金　250万円）

当時、上越婦人会館の総工費が2,054万円であったというから、その集めた資金の膨大さに驚歎する。また、上越婦人会員による第一回「米一升運動」の資金が、3年後の高田養護開設時に集めた基金を遙かにしのいでいることにも驚かされる。

ミサヲは、昭和36年（1961）の上越婦人会館落成に際し、次のような心情だったと、後日記念誌で和歌を紹介しているが、その心情が高田養護学校開設時の心情と重なるのでここに紹介する。

「しとどなる涙堰き得ず命かけ　願いし女(をみな)の館建ちけり」

上越婦人会館創立30周年記念誌(1991)

「撚りあえば毛綱(けづな)は強し女らの　念(おも)い遂げけりこれやこの館(いえ)」

上越婦人会館十周年記念誌（1971）

このように、徳山ミサヲは上越地区婦人会の活躍でも多大な貢献をしており、婦人運動家としても高く評価されている。

(4) 社会教育・福祉の充実に関する活動

すでに述べたこととも重なるが、徳山ミサヲは、持ち前のとおり骨身を惜しまずに社会教育・福祉の活動にも多大な貢献をした。

生家である西念寺の本堂が焼失し、再建の困難な中で季節託児所を開設し、食糧調達のためにお布施全てを注ぎ込んだ話、婦人の地位向上のために社会教育主事らと重いナトコ（16ミリ映写機）を担いで山間僻地を巡り、講演活動に明け暮れた話などがある。もう少し列記すれば、にしき学園の設立や県立移管運動、上越ミニコロニー誘致運動、特別養護老人ホーム「いなほ園」の運営委員、難病と闘う療養所のボランティア活動等々に関わった。その活動は正に枚挙にいとまがない。そしてそれらは、全て「手草鞋」「手弁当」であった。

(5) 歌人としての活動

高田養護学校の開設を喜んで、「殿堂はついに成りけり喜びの　極みの涙に光る柏榻」と和歌に詠んだが、徳山ミサヲを理解する上で、彼女の趣味とした和歌を度外視してはならない。

徳山文秀（長男）氏によれば、和歌の素養はほぼ独学であった。少女期から和歌に触れていたこと、師範学校の先生からの影響、同人短歌誌「北潮（ほくちょう）」に投稿したことなどが、歌人としての実力を高めるきっかけにはなっていたようだ。

筆者は、ミサヲの和歌に強く心を惹かれる一人である。また、ミサヲは歌人としても高い評価を与えられるべきだと思っているが、残念ながらその遺稿は少ない。ミサヲは生涯にわたりたくさんの和歌を詠んだ。しかし、その総数がはっきりしない。それは、本堂の焼失等で多数が失われたこと、夫の死去で反古にしたこと、晩年になって和歌の推敲に紆余曲折し、今は散逸してしまったことなどによるようだ（なお、文秀氏は、3000首は詠んでいるであろうと推測している）。

唯一まとまったものとしては、ミサヲが喜寿を迎えるお祝いとして文秀氏ら３人の子どもが贈った歌集「来し方」がある。ここには612首が収められているが、今になっては大変貴重なものである。

ミサヲは、歌集「来し方」の序文で次のように述べている。「私は作歌で正式に師事した先生はありません。その時々の心を文字数に合わせ表現しているに過ぎません。数は多いけれど名歌も絶詠もありません。しかし人の心を打つものは吾が心であり短歌は吾が心の表現以外の何ものでもないと信じております」と。

(6) 琴、謡曲

徳山ミサヲは、和歌に限らず趣味は多彩であった。以下、文秀氏による。

教職時代はお琴を習っており、師匠は同郷の盲人で、週一回は出稽古に来てくれ、本堂横の小座敷で「六段」や「千鳥」のメロディーが流れていたという。しかしこのお琴は、昭和15年(1940)暮の本堂焼失後、手にしなかったという。

また謡曲は、昭和20年代の半ばころから高田市内在住の植木小糸氏に師事して観世流を学び始め、後年は観世宗家の喜之氏に師事して奥伝を伝授されるまでになった。ミサヲ自ら「一操会」を立ち上げたり、大潟観世同好会を結成したりするなど、その活動を晩年まで続けたという。

5 後生の人が語る徳山ミサヲ人物像

(1)「万年美人のおばあちゃん」 中村憲三（高田養護学校初代校長）

徳山ミサヲは中村憲三と出会い、運動の行き詰まりをその協力を得て乗り越え、高田養護学校創設に漕ぎ着けた。初代校長となった中村とは、高田養護学校を介しその後も親交を深めたので、ミサヲの人物像を彼の手記から知ることができる。以下は、昭和51年（1976）発行の「おまん先生放浪記」からである。

「……。彼女、おばあちゃんは、今、73歳。誠に上品、清潔、薄化粧をした美人であり、奉仕精神に燃えた信念と実践家で、まさに優雅な女傑というべきであろう。……いわば小生は子どもに当たる年齢であるが、……あの年になったとき、いつまでもあれだけの指導性、実行力、奉仕の心を持ち合わせているだろうか。会うごとに優しさの陰にかくれているしんの強さに頭が下がるのである。……誠に勇敢かつ情熱的であった。……その熱意と勇気に打たれた。……すでに中央より叙勲され、その功績はひとしく認められているが、この良きリーダーをいつまでも美しく、若く、そして全婦人のシンボルとして、健康であって欲しいと願うものである」(昭45.10.9記)

(2)「おいしい井戸の水を飲むにつけ……」

加藤キヨイ(新潟県婦人連盟理事長)

徳山ミサヲは、上越婦人会館の建設を始めとして、婦人会活動の中で多くの知己を得た。会館建設の活動中は、「ハイヒールの有閑マダム達の遊び場さ」などと揶揄されるが、一緒に活動した婦人会員からは、先頭に立っての執念の活動に敬服の言葉が多く綴られている。

その一つとして、上越婦人会館「創立30周年」(1991）の記念誌で、加藤キヨイは次のように述べている。

「……徳山先生は、本年92歳の長寿を迎えられ矍鑠としていわれる言葉に『おいしい井戸の水を飲むにつけ、その井戸を掘り上げた方々のご苦労を忘れないように』という感謝の心を持って、代々の役員や職員の皆さんに脈々と受け継がれて今日の隆盛をみることができ、晴れの創立三十周年を迎えることができたものと思います。……」

(3)「母の四つの試練」 徳山文秀（徳山ミサヲの長男）

長男文秀氏によれば、母ミサヲの一生には大きく四つの試練があり、それを乗り越える姿にミサヲの裏面（人間性）がよく現れているという。

第一の試練は、大正6年（1917)、母が教師として歩み始めたその年の10月3日に父（義諦）が56歳で死亡し、翌年9月15日に兄（普行）が24歳で死亡したことである。

そのため、高等女子師範学校への進学の夢も、行く末を誓った相思の男性（兄の学友）との将来も、すべて思い切るほかに選択肢はなかった。一旦、家出までして初志を貫きたかったが、結局は家督を継ぐため、身を切るような苦悩の末に引き続き小学校教育に全力を注ぐ決意を固めたようだ。

第二の試練は、昭和15年（1940）12月13日、突然の落雷によって西念寺本堂が焼失し、その再建に奔走するために、25年間勤めた教員を辞めざるを得なかったことである。

お御堂の再建に夫と遮二無二に取り組んだこととか、時代は戦争で、長男の私（文秀）が京都大谷大学在学中に学徒出陣で東部第56部隊に入隊、二男（昭秀）が海軍兵学校を卒業し巡洋艦「酒匂」に乗艦と、二児を戦場に送ったこととか、また、母（初見）の老衰が進み、5年余にわたる看病に難渋したことなどである。更に、戦中戦後の約20年間、保育園を開設して、全く無償の奉仕活動を続けた苦労も大きかった。

この試練を、父と母は深い信頼関係で乗り切ったように思う。寺の跡継ぎになってくれれば誰でもいいと、写真さえ見ないで覚悟を決めて結婚した母だが、父との気持ちはしっかりと通じ合い、相手の良さが分かってきたのだろう。父が亡くなった後、彼への挽歌（偲び歌）を150首も詠んだ（歌集「来し方」には58首掲載されている）。

第三の試練は、昭和31年（1956）障害を背負った初孫（秀顕）の誕生と、その後の養育、そして高田養護学校創立運動である。

初孫の療育のために医療機関等を転々とするが、最後の拠り所として、はまぐみに母子入園を行う。自分が母親代わりとして養育せねばという意気込みではあったが、ここで随分辛い思いをしたようだ。この時の気持ちは、歌集「来し方」によく出ている。

孫が学齢に達した時、就学猶予という壁にぶち当たった。当時は、障害を背負った子どもたちの当然の措置と思われていたが、母は「体裁のよい就学拒否」と考えた。そして、彼らに「療育機関を」と考え、「一粒の麦」として「捨身の願い」でこの運動に取り組んだ。婦人会、中村憲三先生など多くの人々に支えられたことや、「米一升運動」と誰もが取り組みやすい運動を展開し、その願いを成就せることができた。また、秀顕は高田養護学校の4年生に編入でき、その時点でこの試練は終息したのである。

第四の試練は、母の老境の悲哀といってもいいものである。

母は、昭和44年（1969）年11月3日、勲五等瑞宝章の叙勲の栄誉を受けたが、これを機に一切の公職を辞して後進に道を委ねる決意をしたようだ。しかし、その後も町の仕事は続けたし、僧職としての仕事も米寿くらいまでは続けた。

90歳を過ぎた頃から、母の身辺は次第に寂しさの色が濃くなっていった。それでも、終生の趣味であった和歌と謡曲に心を慰め、体調のよいときには境内で草むしりをすることもあった。平成10年（1998）2月9日、満百歳の誕生日には、県知事さんの祝詞の伝達や町長さんの表敬訪問を受け、喜んでいた。

その後は、「孤老とはかくも寂しきものか」と述懐する生活の中で、事あるごとに本堂の仏前に座して合掌する姿が目立つようになった。このころの心境は、幾つかの和歌で推し量ることができる。

「念仏とは命よろこぶ歌ごゑと　となえまゐらす南無阿弥陀仏」(95歳)

「手を握る友一人なき百年(ももとせ)の　わが終焉の静かなるかも」(99歳)

「一白(いっぱく)の歳(よわい)重ねて恥多し　急ぎ行かなん弥陀の御許へ」(100歳)

「『こいよ、こいよ』と呼んで下さるみ仏の　おそばに参るきょうのうれしさ」(103歳)

そして母は、「健康な体と多少の才能を与えてくれた両親に感謝……。これは皆仏様のお陰……。つきつめればすべて仏恩なのだ」と、私の心に最後の言葉を残してくれた。

母は、平成13年(2001)3月16日、川室記念病院で満103歳と1か月の生涯を閉じた。

(平成19年9月9日、丸山・小杉によるインタビューから)

6 徳山ミサヲの功績とその成功の要因

(1) 知的障害養護学校創設の母

「米一升運動」を展開した高田養護学校の創設運動は、途中で三条の月ヶ岡養護学校に先行されてしまうが、新潟県における知的障害養護学校創設の思想は、徳山ミサヲらがリードしていたものである。その意味では、高田盲学校の開学に貢献した大森隆碩、長岡聾学校の開学に貢献した金子徳十郎らの功績に匹敵するものである。いわば、新潟県における知的障害養護学校創設の母と言ってもよい。

(2) 強い信念をもった生き様

ミサヲは自らの育ちの中で、一つの強い信念を身に付けた。歌集「来し方」の序文に、「私は常に『時』と『力』と『物』の余りがあったらそれを待っている人達の為に惜しみなく捧げるべきだという信念を持ち続けていましたので、……」とある。この信念が、ミサヲの社会貢献の背景に如実に現れているし、知的障害児のための療育機関設置運動（高田養護学校創設運動）での執念にも色濃く出ている。

(3) 人を束ねる力

中村憲三が賛美しているように、ミサヲが人を束ね、それをリードする力は並外れている。その力は教職時代からのものであるが、女教員会の組織、退職女教師の会の組織、婦人会の組織等にそれが見られる。上越地区婦人会の力を結集して展開された、上越婦人会館創設運動や高田養護学校創設運動は、ミサヲの人を束ねる力が最も発揮された出来事であった。

(4) 分かりやすい運動手法

ミサヲ自身は、目的達成のための手法は無手勝流であったと述べている。しかし、「米一升運動」に代表されるように、彼女の運動論は非常に分かりやすく、誰もが参加できる手法であった。そのことが多くの賛同者を生み、大願成就に結び付いていった。多くの人々を取り込む参加型の運動手法は、今後の特別支援教育推進に大いに参考になる。

(5) 人を得る

古くから「人は城、人は石垣……」「教育は人なり」というが、あらゆる組織で目的達成のために果たす人の役割は大きい。ミサヲが出合った人は色々あるが、最大の味方となったのは中村憲三であった。正に「仏恩」の出合いであった。中村憲三という人を得たミサヲは、その助言を得て高田養護学校の創設へと邁進することになったのである。

【徳山ミサヲ略歴】

明治31年（1898）2月9日　新潟県中頸城郡潟町村大字潟町　西念寺にて出生
大正 6年（1917）新潟県長岡女子師範学校第一部卒業　卒業に際し新潟県知事賞を受賞　新潟県小学校教員として赴任
大正11年（1922）夫秀雄と結婚

大正12年（1923）長男（文秀）誕生
昭和15年（1940）落雷により本堂全焼（ミサヲ退職の一因となる）
昭和17年（1942）小学校教員を退職　退職に際し中頸城女教員会より表彰
昭和31年（1956）上越4市3郡地域婦人協議会会長
長男（文秀）に第1子（秀顕）誕生（脳性小児まひ）
昭和35年（1960）中頸城郡社会福祉協議会より優良保母並びに優良保育園の表彰
昭和36年（1961）上越婦人会館建設　上越婦人会館理事長
昭和37年（1962）上越心身障害児療育機関設置期成同盟会会長　中頸城連合婦人会より15周年記念に際し表彰　学制90周年記念の社会教育功労賞（文部大臣）を受賞
昭和40年（1965）療育機関設置のため、前年からの「米一升運動」の結果、500万円の基金と、4万5千人の署名を集める
昭和43年（1968）「米一升運動」の成果として新潟県立高田養護学校の開設なる
昭和44年（1969）生存者叙勲　勲五等瑞宝章受賞
昭和48年（1973）町民功労者として大潟町より表彰
昭和49年（1974）精神薄弱児者福祉教育の功労者として、新潟県手をつなぐ育成会より表彰
平成13年（2001）3月16日　川室記念病院にて逝去（享年103歳）

〈参考文献〉
上越婦人会館（1971）「上越婦人会館十周年記念誌」上越婦人会館
上越婦人会館（1991）「上越婦人会館創立30周年」(財) 新潟県上越婦人会館
中村憲三（1979）「おまん先生放浪記」文化印刷 (株)
新潟県立高田養護学校（1972）「創立五周年校舎竣工記念誌」文化印刷 (株)
新潟県立高田養護学校（1977）「創立十周年記念誌」文化印刷 (株)
丸山昭生・小杉敏勝・小西明（2007）「新潟県における特別支援学校開学に尽くした人々の精神とその歩み」上越教育大学研究紀要　第26巻
丸山昭生・小杉敏勝・奥泉祥子（2008）「高田養護学校の開学に尽くした徳山ミサヲの研究」上越教育大学研究紀要　第27巻
丸山昭生・小杉敏勝他 (2007)「教育0の解消～特別支援教育に引き継ぎたい開学の精神～」(有)北越出版
徳山ミサヲ（1979）歌集「来し方」澤田印刷 (株)

※ 本稿については徳山文秀氏のご校閲を受けています。ここに感謝申し上げます。
（丸山昭生・小杉敏勝）

2 中村憲三

～日本一の養護学校をつくろう～

要旨 『昭和 43 年 1 月 1 日は本校新設の門出であった。しかも、この日は明治 100 年の元旦にあたる吉日でもあった。開校準備を命じられた私と中村教頭、横尾事務長の 3 人は 1 月 10 日、新雪降りしきる仮校舎（旧金谷中学校）の玄関を眺めて、これからの構想を夢に描いた。………』

これは、高田養護学校（注：現高田特別支援学校）創設の時から 11 年間校長として、知的障害教育はじめ特別支援教育の推進者として尽くした、中村憲三の著書『おまん先生放浪記』の中の「生みの楽しみ」の一部である。

県立高田盲学校教頭から、新潟県初の「特殊教育担当指導主事」として障害児教育に携わった中村は、別掲の徳山ミサヲと運命的に出会い、ともに精神薄弱児教育（注:当時の名称）のための殿堂「日本一の養護学校をつくろう！」と決意する。

そして、教頭とともに県下上・中越地区を中心に東奔西走して「養護学校で、より適切な教育を受けるにふさわしい児童生徒」を募集して歩いた。

寄宿舎の建設、校舎建築などの環境整備と、職員の確保、教育課程の編成、上越特殊教育研究会（注：当時）の設立と研究推進、北信越精神薄弱教育研究会（注：当時）の設立と第 1 回研究会発表会（授業公開）開催など、主に知的障害児教育の設立・充実・発展の礎を築くことに心血を注いだ。

1　おまん先生誕生

「あなた」のことを高田の方言で「おまん」と言う。

「あなた、元気ですか？」を「おまん、元気かね？」と言う。中村校長は、いつでも、どこでも気さくに「おまん」と職員に話しかける先生であった。爾来、高田養護学校に関係した人たちは、中村校長のことを「おまん先生」と呼ぶようになった。

中村憲三は、昭和 14 年（1939）当時の中頸城郡稲田尋常小学校訓導として教師生活の第一歩を踏み出した。その後、昭和 16 年（1941）、僻地教育のため中頸城郡長沢尋常高等小学校、昭和 18 年（1943）、三島郡関原国民

中村憲三

学校訓導を経て、昭和 19 年（1944）、満州牡丹江師範学校講師として渡満する。

終戦後昭和 21 年（1946）9月、引き揚げ船で博多に上陸して帰郷。同年 10 月から高田市立大手町国民学校訓導として勤務することとなる。その後、新制中学校制度発足に伴い、高田市立大町中学校教諭として着任。昭和 26 年（1951）県立直江津高等学校に着任、地理担当教師として活躍することとなった。

直江津高等学校で地理を担当し、自宅を事務局として新潟県社会科教育研究会の母体となる「上越社会科教育研究会」を発足させ、「地理教育一筋で進もう」と思っていた中村に高田盲学校への異動が告げられる。

その時の状況を後に中村は次のように記している。

> 地理教育一筋で進もうと思っていたのに、やぶから棒に、高田盲学校の教頭になってほしいと要望された。まさに、青天のへきれきである。私は深沢校長（注：直江津高校校長）と相談してすぐお断わり申し上げた。ところが久保田学事課長（注：新潟県教委学事課長）は断っても、しつこく要望される。そのうち仲条校長先生（注：高田盲学校長）も来校され懇望された。学事課長と校長先生が3回もお出でになり、それこそ三顧の礼をつくされたのである。
>
> これ以上断れば罰があたると思い、ついに決心この道に入った。母も家内も不安そうであった。高田に住みながら「やすね」（注：高田盲学校近くの料亭）の前で盲学校はどちらですかと尋ねながら着任した不届者であった。
>
> これが私の後半生を特殊教育に身をおく天の声になったのである。
>
> （『おまん先生放浪記』「三顧の礼で盲教育へ」）

盲学校に着任した中村は、春日山への遠足の日、おデコで風向きを読み、気温、湿度を感じて市街地か野外かを認め、正しく自身を誘導する生徒に驚いた。寄宿舎で「おーい、おれの眼玉はどこへいった」と声を上げる生徒と一緒に義眼をさがし、宿直の夜には生徒の相談相手として真摯に耳を傾けることが多かった。また、直江津高校勤務時代に弁論指導をしていた経験を活かして、北信越高等学校弁論大会・全国盲学校弁論大会・ＮＨＫ青年の主張全国大会で、堂々と意見を発表し受賞する生徒を多く育てた。

高田盲学校教頭として５年間勤めた中村は、昭和 38 年（1963）新潟県教育庁初代の「特殊教育担当指導主事」として、新潟県全体の障害児教育推進のために身を挺すことになる。

2 徳山ミサヲとの出逢い

中村憲三が、県特殊教育担当指導主事として執務していたとき、後に「運命的出逢い」と言われる徳山ミサヲ（別掲「徳山ミサヲ」を参照）との出逢いがあった。この出逢いが後の「高田養護学校発足」の大きな契機となったのである。

当時徳山ミサヲは、重度の脳性まひで、就学免除を余儀なくされていた孫のための「療育機関」の設立を求めて、県の福祉関係者はじめ関係する機関に積極的に働きかけていた。

母親代わりになって必死に陳情をつづけるため県へ出向いた徳山は、偶然にも新潟の地で中村憲三に出逢ったのである。

後に、その時の出逢いを徳山は次のように記している。

……私達の身辺にはいかに不幸の子の多いことか。物が言えぬ、見えぬ、聞こえぬ、手足がきかぬ、知能が足りぬ等々の子らは、友達が嬉々として学校へ行くのに、行く所のない不幸を嘆いている。“ぼく、ゆく所がないんだ”と脳性マヒの私の孫も何年叫びつづけたことか。この子らにも光を、悦びをと、幾年も願いつづけてきたのであった。

（中略）ところが神仏は私達を見捨てなかった。まことによい指導助言者に出合ったのである。五里霧中の私は訴えるところを求めて出県し、ふと疲れた心身を新潟ホテルのロビーに運んだ時に、全く偶然に中村憲三先生との出合いに恵まれたのであった。不思議な出合い!! わらにもすがりたい心情をききとって先生は、明るい今後の方向の示唆を与えてくださった。

結局、成果を促進するには、補助金の遅い厚生省関係の施設をのぞむよりも、案外早く金のさがる文部省関係の養護学校をねらったらどうか。期する高嶺はひとつ故早い方から着手しよう。幸いに県には精薄（注：当時の表記）養護学校設立の動きもあるからと、県の事情に詳しい先生は、早期実現の具体的運動方策を示してくださったのである。

（高田養護学校創立５周年校舎竣工記念誌　1972）

その時の心境を、徳山は次のように詠んでいる。

「出逢いとは有難きかなこの大人(うし)に

力を得たり仏恩(ぶっとん)とせん」（注：大人＝うし＝中村憲三）

徳山ミサヲにとって、中村との出逢いはまさに「力を得た」証であった。同時に、中村憲三にとっても、母親代わりの祖母が、必死になって脳性マヒの孫の療育・教育機関設立のために活動している姿を目の当たりにして、「教育者としての魂」を揺り動かされたに違いない。

二人の出逢いは、高田養護学校設立以後も、校長とＰＴＡ会長という関係で、上越地区特殊教育の発展に大きく寄与することとなった。

3　高田養護学校誕生までの道

(1) 精魂傾けた開校準備　～「創立３羽ガラス」の発令 ～

昭和43年（1968）１月１日、新潟県教育委員会は、高田養護学校校長、教頭、事務長を発令した。

校長は、高田盲学校教頭、県初代特殊教育担当指導主事を歴任し、県教育庁

上越教育事務所学校教育課長だった中村憲三。教頭は糸魚川市立糸魚川中学校で特殊学級を担任していた中村秀雄。事務長は県の行政経験豊かな横尾篤。

城西中学校への統合で使用しなくなった高田市立金谷中学校校舎を譲り受けて発足した高田養護学校。木造校舎玄関に立った３人は「ここで、障害のある子どもたちのための充実した教育を実践する」決意を固めた。後に「高田養護創立３羽ガラス」と言われ、高田養護学校の教育、上越地区の特殊教育の実をあげるのに精魂傾けた３人であった。

後述するが、現高田特別支援学校校庭北西の端に「金谷中学校跡地」の石碑がある。

地域の人たちの思いが込められた石碑である。

(2) 日本一の養護学校を目指して

中村憲三校長の下、赴任した職員が「日本一の養護学校」をめざして取り組んだ『教育課程の編成』が、昭和 48 年度、読売教育賞に輝いた。その実践をまとめた『教育課程改善・補正のあゆみ』の巻頭言で、中村校長が全職員・保護者が取り組んだ足跡を記している。以下はその記録の一部である。

> ① 明治百年の新雪の中で誕生
>
> 昭和 43 年 1 月 1 日は、本校新設の門出であった。しかもこの日は、明治百年の元旦にあたる吉日でもある。開校準備を命じられた私と、教頭、事務長の３人は、1 月 10 日、新雪の降りしきる仮校舎（高田市立城西中学校と統合した旧金谷中学校校舎）の玄関に立った。
>
> ガラスがわれて、吹雪の突き抜ける森閑とした古い校舎が、雪の中にすっぽりとうまっている。この土地に、関係者待望の学園を建設する日が、ついにきたのだと思うと身ぶるいするほどの使命感があふれでた。
>
> 人の気配を感じ振り向くと、黄色い鉄かぶと（注：ヘルメット）にアノラック姿の青年も、じっと雪原を見詰めていた。
>
> 「校長先生ですね。私は高田養護学校建設の現場技師をおおせつかった

長沢です。若輩者ですが、どうぞよろしくお願いいたします。お互いにたいへんな仕事ですが、しあわせのうすい子どもたちのために、がんばりましょう。」と、あいさつした。思いがけずここにもまた、新しい学校づくりに若い情熱を傾ける仲間がいて、さらに勇気づけられた。

この青年のその後の陣頭指揮ぶりは、実に見事であった。万感を秘めて堅い握手をして別れた時の光景は、今も脳裏に焼き付いていて、おそらく生涯忘れることがないだろう。

② 格調の高い和で結ばれた、職員集団

広大な敷地にモダンな校舎、立派な施設設備がととのえられても、それを活用して教育活動を行う職員に人を得なければ、その実は結ばない。

学校は、子どもたちのしあわせをいつも第一に考えるところであり、職員の都合のためにあるのではない。こんなことは百も承知でありながら、いざとなるとあべこべのなんと多いことか。こんな意味からも職員の人選には、ことのほか神経をつかった。

特殊教育のベテランを核にして、音楽、美術、体育の専門家と、張り切った新卒を配して、能率と研修を考えた。能力ももちろん大切だがそれ以上に人柄と、意欲が問題である。お互いに自分の分掌を大切にし、創意を凝らし、着実な実践をくりかえし、信頼し、協力しあう姿には、敬服のほかはない。まさに教育は人なりである。

このようにして、多くの善意が結集されて誕生した学校に、かわいい子どもと熱心な保護者が集まり、第一義に生きる職員がスクラムを組み、それを支える県当局や地域社会の強力なバックアップがある時、その成果はおのずから明白である。

こうした恵まれた中で、全職員が最初に手がけたことは、いうまでもなく教育課程の編成であった。

4 殿堂はついに成りけり

結願の像

(1) 感動の開校式

昭和43年(1968) 5月1日、新潟県で2番目の知的障害養護学校は晴れて子どもたちを迎えた。

自分の孫をはじめ、上越地区の学校に行けない500有余人のための療育機関の設置をひたすら願い、身を捨てて非難と苦労を一身に負いその実現を目指した2代PTA会長徳山ミサヲ氏は、学校の誕生を次のように詠んだ。

「殿堂は遂に成りけり喜びの極みの涙に光る白楊」

その感激は、障害のある子どもたちのために必要な療育機関の設置を念願し、「米1升運動」に加わった上越地区婦人会員4万人の感激でもあった(別掲「徳山ミサヲ」参照)。

「学校に行くことができなかった子どもが、高田養護学校で教育を受けられる！」という、500人の関係者の念願が叶った日でもあった。

(2) 跳び回るこども

上越地区ではじめてできた知的障害児のための養護学校。

寄宿舎が建築中のために、通学生15人だけでの入学式となった。文字通り「跳び回る子どもたち」の式であった。

来賓として参列していた初代後援会長、広瀬光雄氏（注：中村憲三の同級生＝故人）は、創立10周年記念誌に次のように述懐している。

> 10年前の養護学校の入学式は、古い体育館に生徒がチョボチョボ並んだ入学式だったが、その賑やかなのには驚かされた。泣く者、騒ぐ者、

奇声を発する者、ウロウロ歩き回る者、果ては演壇の校長先生の所へ駈け寄る者。来賓席は一様に唖然とした。

憲ちゃ(注:中村校長と同級生の広瀬氏は中村校長をこう呼んでいた。)は特殊教育といったって盲学校しか経験ない。どうやってこの子ども達を教育するのだろう。えらいことになったと思った。

(「創立10周年記念誌『精薄福祉のヘソ』広瀬光雄から)

演壇にいた中村校長も、その日のことを述懐している。

通学生の15人が来賓、職員の拍手に迎えられて式は始まった。校長式辞が始まると、そろそろ騒ぐものが出てくる。Sくん(1年生)は這い出したり、飛び廻ったり、椅子の上からドンと飛び降り母親をキョロキョロ探す。N君(1年生)はポケットからちり紙をだし、くるくるとまるめて煙草のようにして吸い出した。あきると耳にはさんで後をむき母親を探す。そのうち隣の子とけんかしだす始末。

向山先生はつかつかと出て子どもの椅子に座り、暴れん坊を抱いてしまう。体感教育というか、この方法がもっとも子どもには効果的なのである。来賓はこんな入学式ははじめてであろう。私達よりひやひやしておられたように思われた。

(中略)あきた子どもと、ひやひやした両親の心をほぐすため教頭の司会で職員はコーラス「花」と「どじょっこ」を歌った。

(『おまん先生放浪記』「開校式、来賓は目玉クルクル」)

5 教育の基調

(1) 職員信条

高田養護学校の「教育計画」を開くと、「高田養護学校職員信条」が掲載されている。

この「職員信条」は、高田養護学校開校時、初代校長中村憲三が校長の立場で「本校職員はかくあってほしい」という希望で掲げた職員像である。

基本的な考えは、

① 教員である前にまず豊かな人間性の持ち主であること
② 広い視野を持ち、障害児教育の殻に閉じこもらないこと
③ 専門教科や特技の研究を深めること

とされ、一つでもよいから共鳴した項目を実践努力してもらいたいと願っていたことばである。

創立以来40有余年、勤務した職員ひとりひとりは、この「信条」をそれぞれに受け止めて、歴史ある高田養護学校の「知的障害教育」に打ち込んできたに違いない。具体的な職員像は以下の通りである。

職員像
1 常に歴史的流れと広い視野に立って、物事を考える。
2 常に自然の美しさを見詰め、心身共に健康で潤いのある生活を営む。
3 常に謙虚であって、自分の専門分野と教養を高めるよう努める。
4 常に人の立場に立ち、愛情、寛容、公平を心掛ける。
5 常に創造力を発揮し、積極的に職責を果たす。

(2) 日本一の養護学校と格調の高い和

中村校長は「ここに日本一の養護学校をつくろう」と職員に訴えた。また、次のようにも訴えていた。

* 「日本一の養護学校」をつくるには、「格調の高い和」が必要である。
* 「格調の高い和」をつくるには、職員全員のこころがまとまらなければならない。
* 「格調の高い和」は、ただ単に迎合することとは違う。

さらに「格調の高い和」について、次のように述べている。

「格調の高い和」この合言葉は、本校職員の伝統になりつつある。たんなる懇親的なものではなく、各自がそれぞれ自己の本分をつくすとともに友へ理解協力によって生まれるものと思う。しかもそこに品格と教養の交流をも含めたいものである。

「日本一の養護学校」それは比較することができないが、このポプラの子（注　開校当時高田養護学校の校舎西側と寄宿舎前に高く大きなポプラがそびえていて、寄宿舎はポプラ寮と名付けられた。）と親が、ほんとうに幸福だと心から感じ、職員が楽しい職場だと実感認識することであろう。

（『おまん先生放浪記』「生みの楽しさ」）

6 教育課程編成～指導計画の作成～と研究会設立

(1) 指導計画の作成

昭和46～47年度にかけて、高田養護学校職員が精魂傾けて作成した『教育課程の改善・補正のあゆみ～学習指導計画を中心に～』が、「読売教育賞」を受賞した。（昭和48年7月）

その中に、教育課程作成過程での教員の努力が記述されている。

（略）

5 校内職員の協力

（略）

(3) 未経験教師のつぶやき

「なにをどうやって教えたらよいのでしょう。」と、はじめてこの道に入った教師はとまどう。また、「こんな事をして何になるのか」「こんなものを作らなくても教えられる」という気持で出発した教師もあったであろう。

しかし、作業をしてみてやっと「教育課程とは何か」「指導すべき内容や指導指針の骨組みが分かった」と感想をもらしている。

一つの指導内容をおさえるにも、その位置、発展、適応度を考えなければならないこと、精神薄弱児（注：当時の表記）の授業は外見からとはちがって、実際面ではこれほど配慮していることなど理解したと思う。

膨大な仕事であったが、やはり、自分でぶつかってみてはじめて理解したことであり、新卒や未経験教師の現職教育として効果があり、資質向上に役立ったことを考えている。

(4) 指導計画に対する自信

完成した12冊の指導計画をお互いに手にした時、「よくもここまでやったものだ」との感慨ひとしおであった。創立以来5年間ただ一筋にわき目もふらず、この研究と作成に全職員が専念したのである。

しかも、3年目にはほとんど今と同じ程度の細部の指導計画まで作成したにもかかわらず、学習指導要領の改訂、入学生の重度化、実験・実証の結果、どうしても改善・補正の必要があるというので、再び大仕事と取り組んだのである。これほど良心的で継続・努力された指導計画で授業を受ける本校の児童生徒は幸せである。と同時に全国に誇り得るものであると自負している。

さて、私たちは、この完成した指導計画になぜそれほどまでに自信と喜びをもっているのかその理由を述べると次のとおりである。

ア　創立以来5年間、全力を挙げて取り組んだ成果であること。

研修会と家庭作業に要した時間は莫大なものである。

イ　3年かかって作成したものを、さらに2年かけて実験・実証して改正をした良心的なものであること。

普通なら、ため息の出る大作業であるのに、全職員が再び取り組んだのは立派である。

ウ　いつも手元から離せない「役に立つ指導計画」であること。

良心的につくったからである。指導内容、指導方法、時間配当、教材準備の細部にわたっているからである。

指導計画書

エ　教材・教具の購入のめどになること。

この指導計画に基づいて、今後必要なもの、急ぐものは何か、個数はどのくらいか、さらに必要な施設・設備が計画的に浮かびでてくる。

オ　寄宿舎の生活指導と関連させ、学舎一体の指導計画であること。

特に生活指導面では、目標を同じく考え、入浴、洗面、清掃、就寝、あいさつなど日常生活の基本的なことがらは寮母（当時の呼称　現寄宿舎指導員）と協力して実施するよう配慮してある。

さて、このようにして努力して完成した指導計画ではあるが、けっして完全なものではない。さらに数年間実践してみて細部の補正をしなければなるまい。

しかし、読売教育賞に応募した最大の理由は、指導計画が全国に誇り得る良心的な大作であるということよりも 62 名の全職員が協力している姿の方がより価値があると思ったからである。

教育界も年々すさんで、一つの研究をまとめるにも協力態勢のできにくい時代に、5 年間も格調の高い和を持ち続け、ひたすら精神薄弱児教育（注：当時の表記）に献身された職員に敬意を表したい。

(2) 研究会立ち上げに力を注ぐ

① 赤倉温泉で夏季合宿研修会

高田養護学校が開校され教育活動が軌道に乗り始めた。教育の更なる充実を決意して、高田養護学校は中村憲三校長・中村秀雄教頭を中心として、夏休み中に宿泊を伴う研修会を開始した。場所は信越国境の赤倉温泉である。

講師は、高田養護学校校長・中村憲三、高田養護学校教頭・中村秀雄、加えて、当時新潟市立明星園園長であった中村與吉（別掲「中村與吉」を参照）

の「３人の中村先生」であった。

参加者は、高田養護学校職員、上越地区特殊学級担任と中・下越地区特殊学級担任の希望者等であり、日頃の悩み、教室での課題、模索する指導法、指導案の書き方、指導計画作成上の課題、保護者との間の悩み等々、些細なことも気兼ねなく話ができる研修会として話が弾んだ。

その後、当分の間「３人の中村先生」を講師として担任者が積極的に参加する夏期研修会として継続したのである。この研修会は、その後上越特殊教育研究会（※現・上越特別支援教育研究会）の体制の確立と研究充実につながっていった。

② 北信越精神薄弱養護学校研究大会開催

ア　第1回大会開催校　そしてその準備

昭和46年（1971）10月、高田養護学校は「第1回北信越精神薄弱養護学校研究大会」の会場校となった。開校してわずか３年目の学校が北信越地区精神薄弱養護学校の研究会を引き受け、授業公開もするという中村校長の決断であった。

「ここに日本一の精神薄弱（注:当時）養護学校を作ろう」と決意してスタートした中村校長にとって、職員の資質を高め、教育の実を上げるには、大勢の人に高田養護学校の実際を公開して、開校後２年の成果を評価してもらうと同時に、教育課程の編成作業を進めている職員に自信と誇りをもってもらい、更なる高田養護学校の教育充実を求めたものであった。

校内の職員による授業参観、地域の小中学校ＰＴＡによる学校参観は、創立以来行われてきて慣れてはいたが、北信越地区という大きなブロック単位の養護学校教員による研究会は初めてのことであり職員は緊張した。

しかし中村校長は言った。「心配しないでよい。私たちは、毎日子どもの教育に全力で当たり、成果を上げてきた。自信をもって普段どおりの授業をすればよい」と。

その言葉を受けて職員は、気持ちを新たにして実践研究を進めたのである。

教育課程の編成・実施の確認、年間指導計画の見直し、授業案の検討、教材研究、児童生徒理解、保護者との連携等々、研究主任・学部主事を中心に一致協力してこの子らの教育に打ち込んだ時期であった。

イ　公開授業指導案の書き直し　＝先輩教師の厳しくも温かい指導＝

教科部・学年部・学部で授業案の検討を繰り返した。夜遅くまで会議を重ねた結果、学部主事、研究主任らから「明日の朝までに授業案を書き直してきてください」と言われ、寄宿舎舎監の夜、子どもたちが寝静まった後、机に向かって必死に授業案を練り直した若い教師もいた。筆者もその一人である。

「あのときの苦労があったからこそ、その後の教育に立ち向かうことができた」と、当時の多くの職員は思っているに違いない。

中村校長のもと「失敗は誰にでもある。失敗を乗り越えることが大事。失敗から多くのことを学び次に生かすことが大事。一人ではなく職員同士が協力して子どもの教育にあたる。失敗も成果も共有する。共に成長することの大切さ」をこの時期に学んだ教職員は多かった。

7 保護者の身になって　～親代わりになった寄宿舎～

(1) 遠く魚沼から手を引かれて

昭和43年（1968）9月27日、旧金谷中学校の校舎跡に寄宿舎南棟の一部が完成した。そして、遠距離のため通学できず自宅待機していた子どもたち45人を迎えて、総勢60人の入学式が行われた。

開校が決まったとき、中村憲三校長が東頸城郡と中越方面に、中村秀雄教頭が西頸城郡と糸魚川方面に出向いて高田養護学校への就学を奨めた結果、高田養護学校に入学を決めて寄宿舎ができるのを待っていた子どもたちが、家庭を離れてようやく高田に来ることができたのである。

50年＝半世紀＝近くも前のことであり、自家用車で通学する子どもは少なく、列車を利用して遠くは魚沼の入広瀬から只見線で小出まで、小出から上越線で宮内まで、宮内から信越線で直江津を経由して高田まで列車を乗り継いでの登校であった。朝早く家を出発して学校到着はお昼過ぎ。半日の親子の旅は、保護者にとっては「我が子を家から離さなければならない切なさ」

で胸が張り裂けんばかりであったであろう。また、同時に「高田養護学校の教育への期待」も併せもっていたはずである。

寄宿舎ではじめて泊まる子どもを安心させるために、その日だけ子どもと一緒に宿泊した母親の手記や、子どもを寄宿舎にお願いして帰宅する切なさを綴った記録がある。

○昭和44年4月8日　入舎式

この日は子どもと一緒に寄宿舎に泊りました。きょうで別れるということを肌で感じ、私の手をしっかりにぎって、スヤスヤとねむりに入りました。

やがて夜が明け、別れる日の朝がきました。私は心を鬼にして、校舎を出ました。

10日間は子どもと会うことができないのです。私は10日間が1年のように思いました。

10日間が過ぎ、再会の日がきました。主人とともに車で迎えに行きました。子どもと抱き合って泣きました。主人も涙でいっぱいでした。何もことばにならず、車の中に入りました。

○「よい子でいるんだよ。土曜日に、また迎えにくるからね」

カレンダーの上にMの小さなひとさし指をもっていき、ニッコリ笑顔をみせてやる。

同じことを何回も何回も言って聞かせて別れたものでした。入学当時、わが子の手をとって、校門をくぐったあの感激………。

私にとって、生涯忘れることのできない思い出です。朝には朝日を、夕べには夕日を、手を合わせて祈ったものでした。

………よい子になっておくれ、大きくなっておくれ。………涙を流しながら祈りました。

（『おまん先生放浪記』「ご両親ごくろうさまでした」）

(2) ３本の矢の結束

高田養護学校開校時の中村校長は次のように言っていた。

> 戦国の武将毛利元就が自分の亡き後を憂えて、三人の息子たちに、三本の矢に例えて協力しあうよう訓示したと聞いているが、学校における３本の矢とは何を意味するか。
>
> 一の矢
>
> 教師がとことん指導し、愛の手をさしのべたけれども、親も無関心、生徒は全くやる気がなく、精根つき果ててサジを投げたとき。
>
> 二の矢
>
> 子どもに全くやる気がなく、親や教師がいくら努力し、刺激を与え、環境を整えてやっても、意欲のない状態が長く続いたとき。
>
> 三の矢
>
> 親が無関心で全く子どものことを考えてくれず、教師のいうことを聞かない。学校からの連絡も無視し、自分のことしか考えないような状態が長く続いたとき。
>
> 以上が三本の矢のことである。本校に着任してこれで五年間、職員は実に良心的でよく子どもたちを指導、育成してくれた。
>
> (『おまん先生と養護学校』 学校だより 73 号)

以上のように中村校長は、三本の矢の結束を逆説的に訴えている。

(3) 強い絆で結ばれた保護者と学校

○『手をつなぐ親の会』の結成

子どもたちの成長は、保護者と学校の協力なくしてはあり得ない。

校長中村憲三は「学校が事務局を引き受けるから､親の会を結成しなさい」と、『手をつなぐ親の会』(注：現在の『手をつなぐ育成会』) の結成を呼びかけた。

校務分掌の一つに「育成会係」を位置付け、3～4人の職員を配置した。そして保護者と協力して親の会に関する行事や会議、会報の編集と印刷など、すべて学校を会場として推進したのである。

8 まとめとして

(1) 子どもと親を思い、職員と心を一つにして

高田養護学校が開校して46年。当時の障害児教育界と「高田養護学校創立に渾身の心を込めて尽くした人たち」の努力を知る人も少なくなってきた。

① 3つの碑

高田特別支援学校敷地内に、中村憲三を中心に「日本一の養護学校をつくろう」と気持ちを固めた証を示す石碑と像が、今も静かにある。

「白楊園」「金谷中学校跡地」の石碑と「結願の像」である。

○「白楊園」

中学部校舎の入り口に、中村の筆による「白楊園」と刻まれた石碑がある。

高田養護学校がスタートした旧金谷中学校校舎の周囲にはたくさんのポプラの木がそびえていた。寄宿舎食堂の西側、現在の高等部校舎北側からプールの位置にかけてポプラ並木であった。校舎拡張やグランド整備に伴って、ポプラの樹々は次々と伐採を余儀なくされた。そのポプラを忘れないようにしよう……という中村校長をはじめとする当時の職員の思いがこもった碑である。

○「金谷中学校跡地」

校舎西側駐車場の一角に「金谷中学校跡」と刻まれた石碑がひっそりと存在する。

当時、城西中学校との統合で廃校になる高田市立金谷中学校の校舎を「養護学校のためならば！」と、無償で譲ってもらったことで、当時の高田市民への感謝の気持ち、金谷地区住民の心を「ここで学ぶ子どもたちや職員に終生忘れてほしくない……」という願いを込めての建立であったことを、私達は忘れてはならない。

○「結願の像」

寄宿舎入口に「結願の像」がある。

脳性マヒで就学猶予を余儀なくされた孫がいた2代PTA会長徳山ミサヲが「我が子にも適切な療育と教育の場がほしい」と願いをこめて、関係していた上越各地区4万人の婦人会員に呼びかけ「一人125円、全体で500万円」を目標に施設建設のための募金活動を展開した。

お金を出すことが困難な人は、当時125円にあたる「米一升」を寄付したのである。高田養護学校開設当時の人たちにとって忘れられない「米一升運動」である。

結果、新潟県女教員会など婦人会員以外の人たちの協力もあり、500万円以上の基金が集ったのである。

徳山は、「結願の像」に「撚り合えば母の毛綱は強かりきこの子呂の家かくも建ちけり」と万感の思いを詠んでいる。

② 寮歌「ポプラの子」に込めた思い

中村が、高田養護学校開設にあたって真っ先に建設したのが子どもたちのための寄宿舎であった。そして中村は、家庭を離れて寄宿舎で生活する子どもたちが健やかに育ってくれることに願いをこめて寮歌「ポプラの子」を作詞、音楽部の職員が作曲した。「ポプラの子」は寄宿舎の行事で子どもたちと職員が心を一つにして歌った。

ひばりは空から呼んでいる　つくしにたんぽぽ目がさめた
お陽さまお早よう　つみ草しましょう　　みんな明るいポプラの子

メダカは小川で待っている　せみやとんぼも生まれたよ
楽しく遊ぼうかけっこしましょう　みんな元気なポプラの子

おちばは窓辺でささやいた　おとぎのお城にお月様
先生お休みいゝ夢見ましょう　みんな仲良しポプラの子

③ 教育は全職員で

中村校長は、教員だけではなく寮母（現寄宿舎指導員）、事務職員、用務員（現技術員）、厨房職員（栄養士、調理員）など、全職員の「授業参観」を提起し、実践した。

それは「ちえ遅れの教育は、授業をする教員だけではなく高田養護学校に勤めて子どもたちにかかわる職員全員が責任をもって当ることでなければ、保護者からの信頼は得られず成果は上がらない」という強い信念からであった。

この実践は授業を担当する教師の指導力の向上につながると同時に、全職員の「子どもたちとその教育」への理解を啓発した。

(2) 万感の思いで勇退

高田養護学校創設に尽力し、教育実践の陣頭にあたった中村憲三は11年3ヶ月校長勤務を全うして退職する。その年、昭和54年（1979）は、日本の障害児教育が大きく変動した「養護学校義務制」の年であった。

中村憲三が学校開設時と退職時に綴った記録を再現して、中村校長の「障害児教育に対する信念とたゆみない実践力、指導力」を思い起こしてみよう。

学校開設時、「明治百年の新雪を踏んで」ということばで始まる『生みの楽しさ』で、次のように述べている。

> 「……さて仮事務所に友の心づくしの看板をさげ、ストーブを入れ、ベニヤ板ですきま風を防ぎ、古机を探し出して最低限の住居をつくった。掃除用具、印刷機、用紙の買入れから始まったこの生活が3か月続いた。用務員さんはいない、電話はまだない。おまけに豪雪の年であった。登下校の際、リュックの中に買物を入れて運搬した。教頭と事務長は毎日雪踏みをしてくれた。新設設計、予算編成、生徒募集要項、備品購入計画、人事、各種団体との協力要請、ＰＲ。私は、企画実践力抜群の教頭、緻密、先見性、労をいとわぬ事務長とともに東奔西走した。一日はなぜ24時間しかないのかと恨めしい思いで早く暮れる冬の金谷山を仰いだ。」
> （『おまん先生放浪記』「生みの楽しさ」）

退職の際、最後の学校だよりに次のように記している。

「……さて思い出はつきないが、私がもっとも誇りとしたいことは、立派な職員と、底ぬけに明るい美しい心をもった子どもたちがいるということです。「子どもを見てください」と胸をはって言えることです。能力を精一杯だしきって努力している姿である。職員が暖かく厳しく手まめに接している態度である。
(中略) 昭和54年4月は養護学校義務制の輝かしい夜明けである。この時にあたり内村鑑三先生の名言を再び思い出そう。(明治17年アメリカにて)
『白痴教育は余に教育の原理を伝えたり……略……未来の文部省は、よろしく白痴院を設立し、これにたえうるをもって教員の一人大資格となすべし、教育事業の革新この時をもって始まらん』
96年後のいま、やっと彼の夢は実現したのである。お互いに初心にかえって静かなる勇気を持ち、教育維新を迎えよう。」

(『おまん先生と養護学校』「私も卒業です」)

「おまんた (=みなさん=) ゆっくりやろっさ」「おれが責任をとるから、思うようにやってくんない」と職員を信頼して教育活動を任せていた中村憲三。徳山ミサヲが感嘆したように、まさに「大人=うし=」であったといえる。

高田養護学校を退職した中村憲三は、その後新潟県が進めた福祉施策「ミニコロニー」構想とその充実に携わることになり、障害者施設「かなやの里療護園」開設に伴い、初代園長として障害のある大人の人たちとの日々を過ごし、そこでも新たな福祉の道をきりひらいたのである。

【中村憲三略歴】

大正　8年（1919）2月18日　高田市善光寺町（現上越市東本町1）で出生
昭和　9年（1934）高田師範学校本科一部入学
昭和18年（1943）三島郡関原国民学校訓導
昭和19年（1944）牡丹江師範学校講師として渡満
昭和21年（1946）引き揚げ船で帰国　高田市大手町国民学校訓導
昭和26年（1951）県立直江津高等学校教諭
昭和33年（1958）県立高田盲学校教頭
昭和38年（1963）県教育庁指導課指導主事（初代特殊教育担当）
昭和41年（1966）県教育庁上越教育事務所学校指導課長
昭和43年（1969）県立高田養護学校初代校長
昭和54年（1979）退職
社会福祉法人上越福祉会かなやの里療護園開設に携わり初代園長
平成　9年（1997）11月22日　逝去

〈参考文献〉

中村憲三（1976）「おまん先生放浪記」週間文化新聞社
中村憲三（1979）「おまん先生と養護学校」文化印刷㈱
高田養護学校（1972）「創立五周年校舎竣工記念誌」文化印刷㈱
高田養護学校（1977）「創立十周年記念誌」　文化印刷㈱
高田養護学校（1987）「創立20周年記念誌伸びようポプラの子」文化印刷㈱
高田養護学校（1973）「教育課程改善・補正のあゆみ」
高田養護学校（1997）「はばたけポプラの子」文化印刷㈱
丸山昭生・小杉敏勝他（2007）「教育0の解消～特別支援教育に引き継ぎたい開学の精神～」㈲北越出版

（小杉敏勝）

3 中村與吉

～遅れた子らを導いて～

要旨　第二次世界大戦後の昭和 22 年（1947)、教育界も大改革期を迎え、新制中学校も動き出した。

校舎もない新潟市立舟栄中学校の開設に中村與吉も参画したのが 5 月だった。

校区にある小学校の児童の実態から、中学校の教育課程の履修が厳しい生徒の対応も課題となってきた。その対策として、中村の担当を前提に「特別学級で対応する」と話し合いがまとまった。

「舟栄中学校の特別学級」は、県内はもとより全国のモデルとなり、中村への相談や指導の要請が高まってきた。特筆できるのは、三木安正東大助教授との共著「遅れた子を導いて」が学校現場の指南書となり、「読売教育賞」に輝いたことである。

このような業績が評価され、昭和 30 年 (1955) に中村は県の民生部の職員に抜擢された。職務は、県立で初めての精神薄弱児施設「あけぼの学園」の副園長だった。それに加えて、長岡市立北中学校の院内（悠久荘）特別学級の講師も兼務し、前例のない仕事に取り組んだ。

昭和 32 年（1957)、新潟市に請われ、国内初の精神薄弱児通園施設「明生園」の園長に就任した。在任中、専門学校や加茂暁星短期大学（現・新潟中央短期大学）で教壇に立っている。なかでも、「県立保育専門学院」の講師を 26 年も勤めている。

中村は、新潟県精神薄弱特殊学級の生みの父であり、その後の教育・福祉分野での貢献からも、終生「先生」と呼ばれるにふさわしい人だった。

1　教職についてから

中村與吉が昭和 16 年（1941）3 月、教職員採用の内定を受けた任地は、「六日町尋常高等小学校」だったが、赴任した 4 月には戦時体制に向けて教育制度が改変され、「六日町国民学校」となっていた。

辞令では、午前中は国民学校初等科担当で、午後は六日町女学校、夜は六日町青年学校の兼務と記されていたという。

中村與吉

それほどハードな勤務だったが、中村は「楽しくて仕方ないような毎日でした」と言っている。

在任中に陸軍省からの招集を受けて、昭和18年（1943）ころ、朝鮮と当時の満州との国境に近い会寧の警備についた。（除隊は19年7月）

「これまた、私にとって得難い体験になった」と語っている。

昭和20年（1945）、敗戦が近くなった4月、六日町国民学校から新潟市立宮浦国民学校へ訓導として転勤した中村は、その後の人生を決するような体験を重ねたと思われる。

敗戦時の宮浦校区には、俗にいう第三国人も数多く、治外法権ともいえるような地区もあって、治安の問題、貧困や障害などで学籍登録もできず、就学できない子どもたちも多く、それに中村は心を痛めていたという。

この宮浦校区の風評は、筆者（坂井）が昭和40年（1965）沼垂小学校に勤務した時に耳にし、昭和54年（1979）新潟市教委在勤中、新潟市就学指導委員会に出席し、その会の引け時に、中村と宮浦校区の風評を話題にしたら、「おっしゃるとおりでした。かわいそうな子どもたち……北へ帰った子もいたでしょうね。……」と顔を曇らせたのを覚えている。

2 舟栄中学校時代

（1）舟栄中学校創立のころ

中村與吉は、その後舟栄中学校に赴任することになるが、「小学校時代の恩師が校長先生に内定していたのも背景にありました」と言っている。

「舟栄中学校創立30年記念誌」（昭和52年11月）に、中村は創設当時の状況を次のように載せている。

> 私は、学校創設の昭和22年（1947）5月に舟栄中学校の教員の一人

として赴任したのであります。

戦後の日本は、痛ましい姿でありました。特に、空襲を受けた長岡などの都市も悲惨な状況でありましたが、幸い、新潟市は空襲をまぬがれたとは言うものの、全国的にも物資の不足、国民の心の荒廃は、今、思うと、ぞっといたします。

～中略～

校舎は、入舟小学校と栄小学校、それに新潟市が借用していた新潟鉄工所の社内青年学校の建物でした。

そのお借りした新潟鉄工所の体育館を仕切った部屋で、特別学級の子どもたちと勉強というより関係づくりと、体を使った仕事を始めたのですが……

～後略～

(2) 舟栄中学校「特別学級」設置の経緯

舟栄中学校の特別学級設置のいきさつについては、「舟栄中学校創立20周年記念誌」(昭和43年) に、以下のような教頭の記載文がある。

「中学校の教育課程をとても履修させられない生徒がいるがどうしたものか」と、職員で徹宵議論を重ねた。その結果「特別学級」をつくることになった。今のように学問的に裏付けられたものではなかったが、特殊学級に違いなかった。

特殊学級設置は、全国に先駆けたもので、「舟栄をもって鏑矢になろう！」と16人の職員で取り組んだ。

(3) 創立3年目の舟栄中学校

昭和24年 (1949) 4月10日、校舎竣工記念式での、新潟市視学・小野田金三の「舟栄教育所感」(祝辞文) によれば、創立3年目を迎えた学校の様子や特殊学級の様子が以下のように書かれている。

待ちに待ったあこがれの舟栄の校舎が市民待望のうちに、特に入舟・栄両学区民熱望のうちに完成した。全校千五百名が一つの校舎にまとまって、いよいよその第一歩を踏み出す時がきた。

～中略～

地の利も人の和に若かずといわれるように、人の和は集団として事をなす重要な条件だと漢籍に見えている古今の真理である。

舟栄中学校が一昨年5月に開校した当初は、1年生だけで430名を収容した学校であり、職員は16名にすぎなかった。新規学制の実施早々期であり、新制中学校の性格も判明せぬ時だけに新制中学校の在り方、舟栄中学の運営について校長中心に、若い職員各位が熱心に研究討議し、時のうつるのを忘れ、深夜まで議論したことも多かったと聞いている。

この16名が今日の舟栄経営の根底をなす雰囲気を醸成されたものと思い、人の和の偉大さをしみじみと感ずる。

～中略～

新制中学が義務化せられた結果、俗にいう教室のお客さんとして遅れた生徒を中学3カ年の間、如何にするか。市内のどこの学校にも、必ず起こる問題であるが、なんとかしてやらねばという舟栄の職員各位の悩みは、遂に特殊教育の研究、即ち精神薄弱児の特別学級編制となった。勿論、この実現までには幾多の困難や障害もあったが、3カ年の刻苦も、今や最初の実を結ぼうとしている。

この特別学級は担任者を始め全職員の協力で着々と実績をあげ、それが中央でもすでに認められていることに敬意を表したい。

～後略～

(4) 中村與吉の当時の回顧録

中村與吉は、特殊学級創設当時の様子を振り返り、いくつかの書物にその当時の心境を語っている。以下、その2編を紹介する。

私が特殊学級を作るのではなくて、この子どもたちが特殊学級を作ってゆくのだ。そして、特殊学級は、この屋根（校舎）の下にだけあるのではないはずだ。私は、はだ寒い晩秋の海辺をクラスの子どもたちと手をつないで歩いた。ならんで紺ぺきの海に対し、釣り糸をたらした。そこに、子どもの特殊学級があった。

私たちは、何物にもこだわることなく実践による大胆率直な歩みを進めたといってよいだろう。学級の生徒たちが水を得た魚のように生き生きと特殊学級に通ってくる。その姿こそ特殊学級の勝利でなくてなんであろう。そんな信念でくじけず歩み続けたいものである。

新潟県教育委員会「新潟県特殊教育の歩み」昭和 57 年（1979）

昭和 22 年の学校制度の施行は、明治以来の大変革です。ここでは、伴教頭先生のご尽力で、知恵遅れの生徒の特別学級が作られ、初めて特殊教育の手ほどきを受けました。テストの用紙もない、教科書はあってもなきがごとし、机、腰掛けも、あちこちから古いものをよせ集めての出発でした。

だが、ここでの 8 年間、私なりに青春？の血をたぎらせて、ぶつかったような気がします。

三木安正先生との共著の「遅れた子らを導いて」が東京で出版され、嬉しくて、嬉しくてしかたがありませんでした。

読売教育賞をいただいた時、三木先生、小杉長平先生、山口薫先生、今はなき杉田裕先生、辻村泰男先生たちが、東京で祝賀会を設けてくださいました。ありがたくて涙を流しました。

昭和 57 年（1982）「十字園だより」

(5)「遅れた子を導いて」昭和 27 年（1952）牧書店から刊行

三木安正との共著「遅れた子を導いて　～中学校特別学級の教育～」に、

中村與吉の人間像や障害児教育の理念・指導観などがあふれているので、その内容の一端を紹介する。

まえがき① ―三木安正―

～前略～

～満6歳から9ケ年の義務教育を規定した以上、その年齢層に含まれるすべての児童に対する教育的受け入れ態勢を用意すべきことが国家としての義務となるはずであるが、そういう理想との乖離は甚だしい。

舟栄中での学級風景

このような状況にあるとき、裏日本の新潟市で昭和22年以来この教育の実践研究にたゆまぬ努力を続けられ、確固たる基礎を築きあげられた中村教諭とその支援者の存在は、誠に偉とするところである。

中村教諭の人柄もこの著作の中に躍動している通り、教育的愛情と研究心と努力のバランスがとれた特殊教育者の一典型ということができよう。

～後略～

まえがき② 出版に思う ―初代校長・坂西謙治郎―

～前略～

開校当時、借校舎の一室に配置された借り物の椅子と一枚の黒板等、設備はもとより乏しかったが、全職員一致の熱意は温かくこれを包んでいた。如何なる日にもこの特殊教育について話が出ない日はなかった。

中村教室にはやがて一輪の花が、一枚の絵画が、一台のオルガンが見られるようになって5年の歳月が流れる。

この5ケ年を中村教諭は、「専心携わって現在に至っている。それは、苦闘の歴史だったが、課せられたという重圧を感じない。ただ、乏しい中にも、また、いろいろな悪条件の中でも、ひたむきにこの仕事に取組んで舟栄中学の特殊教育は育てられたのである」と述べている。

　～中略～

すでに3回にわたる卒業生は、理解ある雇用主のもとで働いている。休みになれば、古巣の中村学級を忘れない。そこに学んだ仲間が待っているからである。

特別学級の誕生 — 中村與吉 —

第1節から

1　略

2　はじめの1ヶ年（要約）

書物から離れ、私の現実の生活の中から、私の書物を胸に書いていこうと努めた。

- 子どもたちは、私の鏡だ。
- 鑑別テスト結果の絶対視はいけない。
- 1合入りの袋に一升の豆を入れるようなもの。詰め込み主義になっていないか。
- あの子たちには、プライドもある。

　　2＋□＝4……「小学校の算数だ」といやがる

　　2＋X＝4　X＝2……喜んでやる

- 特別学級は隔離学級ではない。
- 人間は、だれでも神と悪魔の間を時計の振子のように往復しているのだろうか。だから、「人を見て法を説け」がある。

3　略

あとがき — 三木安正 —

新潟の中村さんのことばから

- 教育から理念を抜いたら、何が残るか。

　能力に応じた教育を行うことが、本当の意味の平等である。

・生徒が喜んで来る学校にしなければならない。
　～同感である。
・知的障害者は誠に善人である。
　それ故に彼らの教えに従えば、われわれのような俗悪な人間共も善人と化すことができよう。ところが、彼らがあまりにも善人なるが故に俗悪な人間共にかつがれて悪事の手先に使われたりする。
　「少年犯罪の何％は精薄者だ……」人々は、「精薄者＝悪者」と思い誤る。これは、俗悪な人間の悪の手が無類の善人たる精薄児に伸びているパーセンテージを示している。
　善人をして悪をなさしめてはならない。
～後略～

(6) 中村與吉夫人談

中村與吉はその後、県の民生部職員に抜擢されるのであるが、この前後、中央の著名人との交友関係を中村夫人は次のように語っている。

「あの頃のことも御縁となって、学校籍から離れても、三木先生たちや、伊藤隆二先生、近藤原理先生との親交も深まり、先生方が新潟においでの時は、自宅で教育論や福祉論を夜遅くまで交わしていたんです……」と

もちろん、中村も上京の折に、あの先生方と交歓を深めていた。

3 福祉教育の世界へ

(1)「あけぼの学園」― 副園長（新潟県・民生部）

舟栄中学校での8年間の実績と人柄が高く評価され、中村與吉が県の民生部職員に抜擢されたのが、昭和30年（1955）38歳のときであった。

任地は長岡で、県が初めて開設した児童養護施設「あけぼの学園」であった。施設の副園長と長岡市立北中学校の特殊学級の講師兼務だった。特殊学級といっても、北中学校の任務は、院内学級（県立精神病院悠久荘）で、いずれも前例のない仕事で、中村は「いい勉強になった」と言っている。

明生園時代

中村は、あけぼの学園時代の体験を、後述する保育専門学校の「障害児保育」「教育原理」などの授業の教材として活用し、授業の中で次のように語ったという。

「入所児童が夜になると、遠くの街の灯かりを見ては、『おかあさん、おかあさん』と泣くんです。私はどうしていいかよくわからず、しっかり手を握って……添い寝もするんです……」と。

「感情をこめて、噺家や講談師のようにお話するので、教室がシーンとなり、涙する学生もいたんです」と何人もの卒業生が語ってくれた。

北中学校の特殊学級では「心の病」をもつ生徒や学校関係者と精神科医や医療関係者ともかかわったり、カウンセリングの基本を学ぶ機会になったりと、中村は何事もプラス思考・肯定的評価をし、対応する「先生」だった。

(2)「明生園」— 園長（新潟市・厚生部民生課）

昭和 32 年（1957)、中村與吉は県職を辞し、請われて新潟市の職員になった。所属は厚生部民生課で、5 月に開設した「明生園」の園長に就任している。この「明生園」も知的障害児の通所施設で、全国で初めての公立通所施設である。

施設運営が軌道にのりだしたころ、中村は知的障害者の保護者で組織する「手をつなぐ親の会」の新潟市支部顧問もしていたが、市の就学指導委員の就任要請も受託した。

そこでは、教育・福祉の理念と豊富な実践をもとに委員会をリードした。そのころから、公的委員会に限らず、福祉関係の会合の場でも「中村先生」

「與吉先生」という呼称が定着してきた。

昭和 43 年（1968）には「県立保育専門学院（昭和 31 年開院）」の講師を勤め、学院が県立女子短期大学に統合されるまでの 26 年間（中村 77 歳まで）も教壇に立って、保育士・福祉関係職員をめざすおよそ２千人の学生の指導に尽力した。

以下、そのころの学生が「新潟県保育専門学園創立 30 周年記念誌」昭和 61 年（1986）10月に書いている中村與吉評をあげる。

〈Tさん……中村先生に巡り会えて〉

施設実習で、中村與吉先生と出会い、理論と実践に研鑽を積まれ、知恵遅れの子どもたちに限りない情熱を捧げておられるお姿に接して感動し、施設保母になろうと心に決めた。

精神薄弱児施設から特殊学校へと移り、昨年家庭に入った私は、さまざまな体験を通して人間の能力の可能性を信じることができた。

〈Sさん……一期一会〉

毎週、心にしみる講義の中で、「一期一会」という素晴らしいことばを教えてくださった中村先生。先生の思い出があれこれよぎります。

〈Gさん……亀田駅からの道〉

学院生活で思い出されることに、亀田駅と保専の道のりがあった。どう歩いても 20 分ほどかかる。駅の裏からまっすぐに行けば４～５分で行けるのにと思ったりしていたら、中村先生が「哲学の道」とおっしゃって……よくわからなかったけど、今頃になって、少しわかってきた。先生は哲学者だ。

〈Eさん……やさしい、やさしい中村先生〉

保専では、中村先生はとても偉い方なんだということで、先生が傍らを通られる時は「ははー」とひれ伏したくなるような存在でありましたが、講義はとても温かく、先生のやさしさで涙が出てしまうこともありました。

知恵が遅れている人たちを完全に理解してくれる人は少ないけれど、先生の講義を聞けば、必ず知恵遅れの人に対する見方が変わると思います。私は、やさしい目で、広く、おおらかに、すべてを見られるようになった気がします。

〈Aさん……汝、琵琶湖の水となれ〉

明生園での実習で、中村與吉先生が体全部で子どもたちと接する姿は、驚きと感動を私たちに与えた。1日の実習が終わる頃、中村先生のミーテングを受ける。その中で「琵琶湖の水になりませんか？」があった。中村先生のびわこ学園での体験が語られた。琵琶湖から流れる冷たい水で保母さんたちが、毎日重度の子どもたちのオムツを洗う話を切々と訴えられた。

巧みな話術で学生たちの心をつかんだ先生は、その後、習い始めたバイオリンで、たどたどしく「キラキラ星」を弾いてくださった。今もあのキラキラ星が聞こえてくる。先生との出会いで、養護学校の肢体不自由児との生活を始めることができた。

＊中村與吉 －有終の美－

「新潟県保育専門学院38年のあゆみ」(1956～1994) から

児童福祉施設における、保母の職務の重大さを身にしみて感じている私にとって、新潟保育専門学院は、誠に意義ある存在でした。

私が辞令をいただいたのが、昭和43年4月でした。それ以降26年間、講義に参りました。

旧校舎は、川岸町の木造の狭い建物でした。時には、体育室に机、椅子を持ち出して、学生と一緒に勉強したことも懐かしい思い出です。

亀田校舎、田園の中で、落ち着いた風格のある建物。私は亀田駅から校舎まで歩きました。田園の小道、～それは、私の思案する道で「哲学の道」であったのです～。

ああ、もう二度とあの道を歩くことはないでしょう。そして、向学心に燃え、若さあふれる保専の学生さんと共に勉強することはないでしょう。さびしい思いがします。しかし、保専の伝統は、ここで学ばれた人たちの中に流れています。

ああ、有終の美の光をあび、歴史を閉じる新潟保育専門学院よ。

(3) 知的障害児教育界との連携

中村與吉の福祉分野での貢献は言うまでもないが、障害児教育関係者との関係も親密で、昭和43年（1968）の夏には、4月に開設の県立高田養護学校が企画する夏季研修会（赤倉温泉）に招かれ、特殊学級教育部会で指導している。この研修会が、後の上越特殊教育研究会に発展していった。

組織的な研究会のほかに、「個人的に明生園、十字園に伺って指導を受けた」という学校関係者も多かった。

4 十字園園長時代

昭和49年（1974）に公職を退いた中村與吉は、社会福祉法人・更生慈仁会が立ち上げた「十字園」の園長に就いた。

この十字園も県下で初の「知的障害者入所施設」であり、入所者中心の施設運営の範を示し、退任後も法人理事として職員を温かく支援し、利用者・保護者たちの心に応え、地域との連携・啓発に努めた。

また、新潟市立の明生園・園長時代から引き続いて、教育・福祉関係者の相談を快く引き受けるなど、「與吉先生」としての存在を更に高めていた。

教育者・実践者・哲学者……読書家の中村は、晩年になっても新刊の専門書はもとより、書評に載る名著を読んでいた。その蔵書を移管した十字園の一室に入ると、棚に並んだ2千冊もの本に圧倒され、「中村先生は、希代の福祉・真の教育者だった」と実感する。

與吉先生の十字園退任時に「十字園だより」に書き残した思い出を載せる。

私の歩いた道　出会いの人たち（昭和57年4月25日・十字園だより）

ほんとうにありがとうございました。心から皆様に御礼申し上げます。

過ぎ去ってみれば、8年間は“あっ”という間のような気がします。この8年間、とにかく、皆様の支えによって、十字園の職員の一人として勤めさせていただいたのであります。

私は年齢も高く、この十字園が最後の勤めであったというわけで、まさに感慨無量であります。

大小もろもろの過失を重ねながら、子どもたち相手の仕事を41年も続けました。41年。自分のことを自分で驚歎し、「ありがたき幸せ」と手を合わせて、すべての方々を拝みたくなります。

そして、41年間、学校でも、施設でも、いつも恵まれた人間関係を天より与えられたこと、ほんとに、どこまでも、幸せにできているんだと思っています。

～中略～

どういう風の吹きまわしか、なんとなく学校の先生になりたかったのです。家が貧しくて学費がありません。その当時、教員検定試験の制度がありましたので、その道を選びました。働きながら独りで勉強するのは、私にとって荷が重すぎましたが、運よくいくつかの試験に受かって、昭和16年4月1日に、六日町の先生になることができました。

駅前に降り立って、坂戸山の雪の輝きを見ました。今でも忘れません。いよいよ「私も学校の先生になったぞ」という感激を。昼は国民学校、午後は女学校、夜は青年学校に教えに行きました。楽しくて仕方がないような日々でした。下宿の2階で、深夜まで明日の授業の準備をしたり、本を読んだり、次の検定の準備などをしていました。

～中略～

ほんとに、ほんとに、41年間勤めさせていただき、ありがとうございました。

5 中村與吉を偲んで

中村與吉は、大正6年（1917）3月7日に生まれ、平成19年（2007）8月1日に、あの笑顔を絶やさずに永眠した。享年91歳であった。

中村與吉が逝去した8月、十字園園長石川満は、以下のような追悼文を「十字園だより8月号」に載せている。

> 知的障害者福祉に生涯尽力された中村與吉先生が「いのち」を全うされました。
>
> お見舞いに来られた方々や、看護にあたられた人たちに、最後の最後まで「ありがとう、ありがとう」とおっしゃっていたそうです。
>
> 中村與吉先生は、福祉が未熟な時代に「社会から忘れられた子ら」とその家族に生活の場と潤いを与えるために日夜奔走されました。
>
> 昭和49年に、この十字園が開設され、與吉先生が園長に就任されました。今から34年前であります。当時、新生十字園には、学校を終えたばかりの、まさに青春を「福祉」にかけた若者たちが集まっていました。先生は、そんな右も左もわからない私どもに福祉の夢を語り、その夢の実現に向けて果敢に挑んでいく情熱と勇気を与えてくれました。
>
> 先生は、だれよりも夢を持つロマンチストであり、実践者であり、研究者であり、教育者であり、人生を深く考える哲学者でありました。
>
> 社会福祉が大きく変わっていくなかで、どんなに時代が変わろうと、人間として変わらないものがあることを先生が教えてくれているような気がします。それは「慈しみと愛の心」であると思います。
>
> 中村與吉先生の慈悲に満ちた眼差しと笑顔、そして温かみのある言葉と語りかけに、幾度となく励まされ、勇気づけられたことでしょう。そうした言葉の一つひとつが、今、なお、呼びかけてきます。
>
> 與吉先生ありがとうございました。

6　中村與吉が知的障害児・者の教育・福祉に果たした役割

筆者は、学生たちに「いい先生とは」と話すとき、いつも、イギリスの教育者・哲学者ジョン・ニールの言葉を紹介する。ニールは言う「良い先生は、子どもと一緒に笑える人です」と。筆者は、このニール論を進めるうちに、中村與吉が重なってくる。

與吉先生の人となりや専門性は各段で語られ、私には付加もないが……、「教えることを天命とし、No.1 の好きな人だった」と思っている。

本稿を閉じるに当たり、筆者は、中村與吉先生の足元に少しでも近づきたいと願うばかりである。

【中村與吉略歴】

大正 6 年（1917）3 月 7 日生誕　新潟市西堀通 8 番町
昭和 6 年（1931）新潟市立二葉高等小学校卒業
昭和 15 年（1940）小学校専科正教員免許取得…新潟県
昭和 16 年（1941）六日町尋常高等小学校訓導（兼）高等女学院嘱託
昭和 18 年（1943）国民学校初等科順訓導免許取得（新潟県）
昭和 18 年（1943）陸軍省召集　国境警備隊配属、昭和 19 年除隊
昭和 20 年（1945）新潟市立宮浦国民学校訓導（兼）宮浦家政学校助教諭
昭和 22 年（1947）新潟市立舟栄中学校教諭
昭和 25 年（1950）中学校・高等学校教諭免許証取得…新潟県教委
昭和 27 年（1952）「遅れた子を導いて」を出版・牧書店
昭和 30 年（1955）舟栄中学校で学校教育職員退職
新潟県民生部児童課　あけぼの学園副園長
昭和 32 年（1957）新潟県職員退職
新潟市厚生部・民生課　新潟市立明生園初代園長
昭和 43 年（1968）新潟市副参事・明生園園長　県立保育専門学院講師
昭和 49 年（1974）新潟市職員退職　慈仁会・十字園初代園長
昭和 53 年（1978）慈仁会理事
昭和 56 年（1981）加茂暁星短期大学講師（昭和 60 年 3 月まで）
昭和 57 年（1982）十字園長退任　慈仁会理事
平成 6 年（1994）県立保育専門学院　講師退任
平成 19 年（2007）8 月 1 日逝去　享年 91 歳

〈主な著書・文献〉

中村與吉、三木安正（1952)「遅れた子らを導いて－中学校特別学級の教育」牧書店
新潟県教育委員会（1979)「新潟県特殊教育の歩み」文久堂
中村與吉他（1978)「精神薄弱児の学習指導」日本精神薄弱者愛護協会
中村與吉他（1983)「治療教育についての一考察」暁星短大・暁星論叢
中村與吉（1984)「保育所における障害児保育」暁星短大・暁星論叢
中村與吉（1985)「障害児教育とモンテッソリーの教育」暁星短大・暁星論叢

（坂井信也）

4 酒井誠治

～県央地域の特別支援学校の設立に尽力～

要旨　酒井誠治は、明治43年（1919）7月27日に西蒲原郡弥彦村で生まれた。昭和5年（1930）3月に新潟師範学校を卒業して三条尋常小学校に赴任した。以来、昭和45年（1970）3月に三条市立第三中学校長として退職するまでの40年間、戦前から戦後の激動の時代に、教員として学校教育の充実はもちろん特殊教育（現特別支援教育）の振興だけでなく、障害児者の福祉や雇用等の支援充実に尽力した。

三条市立三条小学校長として昭和27年（1952）に病虚弱児学級を設置した。この学級は翌年に県立三条結核病院に養護学園（後に療護学園）となり、昭和38年（1963）4月県立三条養護学校（昭和51年3月に閉校）へと結実する。

また、酒井は県内最初の精神薄弱養護学校（現知的障害特別支援学校）を三条にという誘致する運動にも力を尽くした。念願が叶い、昭和40年（1965）8月に設立認可を受け、9月に県立月ヶ岡養護学校（現県立月ヶ岡特別支援学校）が開校する。新潟県内初であるとともに、全国でも10番目に設立された養護学校であった。

月ヶ岡養護学校の新校舎建築中、三条市立第三中学校長であった酒井は、中学校の生徒が多く、校舎が狭隘化していたにもかかわらず、第三中学校の教室の一部を月ヶ岡養護学校の仮校舎として提供するなど、県央地域の特殊教育の振興に尽力した。

1　酒井誠治と特殊教育

酒井誠治は、県央地域において障害児教育の場の充実に努め、特殊学級（現特別支援学級）の設置や県立月ヶ岡養護学校（現在の月ヶ岡特別支援学校）の設置に尽力した。

ところで、経歴を見ると、酒井は特殊学級の担任経験や養護学校の勤務経験はない。それでは、酒井はなぜ特殊教育を初めとする障害児者の支援に力を注いだのか。

それはスポーツで育まれた酒井の温かな人間性に加え、鈴木イツ三条市手をつなぐ育成会会長（当時）や野水ヤス三条市手をつなぐ育成会副会長（当時）等の親とその障害のある子や、熱心に特殊教育を進めようとする桜沢清三三条市教育長（当時）との長年の親交から醸成されてきたものではないかと思われる。そのため、学校教育のみならず生涯にわたる障害児者の支援充実が、酒井にとって重要な命題となったと解することができる。

酒井誠治

2 三条養護学校とのかかわり

(1) 三条小学校に病虚弱児学級を設置

戦後まもなくまで、日本人の死亡原因の第一位は結核であった。長い間結核は不治の病、国民病、亡国病とも呼ばれていて、国内のあちらこちらに結核療養所や結核病院があった。

県央地域では、国道８号線沿いの三条市大野畑に県立三条結核病院が置かれていた。この病院には、結核病床だけでなく一般病床もあり、小児科も設置されていた（この小児科は、昭和51年（1976）３月に県立吉田病院に移転した）ため、発症して病床に伏している学齢児も多かった。それらの学齢児は、入院を余儀なくされている間、学校に行くことができない状態が続いていた。

当時の三条結核病院高橋院長は、学齢児の入院による教育の遅れを危惧して、三条市内の各学校の校長に協力を呼びかけたという。これが昭和27年(1952) ５月に病虚弱児学級（現在の病弱・身体虚弱特別支援学級）が三条小学校に開設した契機となったと思われる。

三条小学校の校長であった酒井は、昭和51年発刊の三条養護学校閉校記念誌「ポプラとともに ～二十三年の歩み～」で次のように振り返っている。

終戦直後の混乱した社会で食糧不足に耐えながら、金物の町三条の家内工業の実情は実にきびしいものがありました。その上、当時国民病と呼ばれ多くの市民からおそれられた結核が三条市民にも大きくのしかかって来て、学童の陽転率の高いことは県内注目の的でもありました。

昭和25年三条小学校長を拝命した私は、何をおいても教育を通じてこの難局を突破すべく、この面の教育に主力を注がねばと誓ったことでした。白川前校長が残された立派な保健室の利用活用、完全給食実施への意欲的なとりくみ、病弱児、陽転児のために特設養護学級の開設、全校あげての朝の健康観察特別時程のこなしなど、“健やかできまりのよい子”の目標達成に全教育活動を集中したわけでした。

教育は自然発生的に盛り上がる環境でこそ結実する。三条小学校でかもし出された雰囲気からは、人もいやがる結核病院の病棟内にも容易に学習室開設の花が咲いたと、今にしてしみじみ思うことであります。(原文のまま)

(2) 三条結核病院に養護学園を設置

三条小学校内に開設されたこの学級は、三条第一中学校とともに、それぞれの学校の分校として、翌昭和28年(1953)2月に三条結核病院内の三条養護学園開設へとつながる。この開設時の苦労を、酒井は同記念誌の中で以下のように述べている。

昭和28年2月8日、膝を没する積雪をふんで私は当時の保健主事以下2名の教師を連れて三条結核病院を訪れたのでした。県教委からの要請もあり第7病棟内の病室に学習室を創設して、入院児を対象に教育指導を開始するための準備作業のためでした。

第7病棟最西端の一室には黒板が持ちこまれ、うすべりが敷かれて、厳選された病床の児童らがベッドからぬけ出した寝巻姿の上に、分厚いどてらのようなものを羽織って、マスクをかけての教室通いでした。勿論その学習形態は学年・教科別など想像もつかぬ無学年制、綜合教育というか生活教育というのか、ただ人の幸せを求めての純粋な学園生活が展開されていったのでした。

いわゆる療養学園時代の教育は、国民病として恐れられた結核と真正面から対決を迫るという姿勢で、患者本人の回癒を一日も早くとねがいながら、同時に結核予防の徹底を目指す学園教育でした。従ってその教育効果は多少にかかわらず、定期的に県内広く学校現場に伝達され、県民生活の中に生きて働く教育でありたいと願い、原籍校や家庭との連絡を強調したところに特色づけを期待したのです。

次に学園における教育活動は四季の移り変りに伴う年中行事や学校行事に重点をおき、とかくすさみがちな闘病生活にうるおいをもたせ、生きることの喜びを豊かに味わわせてやることに主力を注いだ教育でした。

第三の力点は24時間教育を通じての医療と教育の協力、相互補完をめざしての努力でした。狭い教室で病人用の学習机はどうあるべきか、高橋病院長を中心に看護婦や教師が知恵をしぼってできた机は、実に創意あふれたものでした。(原文のまま)

この三条養護学園は、同年8月に三条療護学園と改称した。酒井らの努力は脈々と引き継がれ、昭和31年（1956）9月には新校舎が竣工し、翌32年（1957）10月には、新潟県立三条養護学校として開校することになった。

3 月ヶ岡養護学校とのかかわり

(1) 三条小学校に精神薄弱特殊学級を設置

昭和32年（1957）4月、保護者の強い要請により三条市立三条小学校に精神薄弱特殊学級(現在の知的障害特別支援学級)が開設された。それまでは、隣接する燕市立燕西小学校の精神薄弱特殊学級に委託していたのである。この特殊学級は、昭和26年（1951）に開設された先駆的な学級であった。

当時の三条小学校は、学級数50、児童数約2,500人の超大規模校であったが、校長の酒井誠治の考えから、知的障害児、肢体不自由児、情緒障害児やそれらを併せ有する重複障害児を含め、障害の程度が重度の11人の児童を対象とし、「杉の子学級」としてスタートさせたのである。

新潟県教育委員会発刊（昭和54年）の「新潟県特殊教育の歩み」によると、後日、この学級を訪問した県教育庁の指導主事は「杉の子学級は特殊学級でない。特殊学級の幼稚園だ」と評したほどであったが、時が経つにつれ児童は成長し、幼稚園を脱皮し特殊学級として一人前になり、昭和35年（1960）には、小学1年生から中学2年生までの24人の児童生徒が学んでいたという。

(2) 養護学校の誘致運動

昭和37年（1962）になると、三条市、見附市、加茂市、燕市、栃尾市、南蒲原郡および西蒲原郡の5市2郡の市町村教育委員会、学校教育研究協議会、精神薄弱者育成会で、5市2郡精神薄弱研究協議会が発足した。会長は酒井である。年2回、春と秋に地域持ち回りで教育、福祉、親や家族の在り方、地域社会への啓発等の問題について研修を深めるだけでなく、精神薄弱児対策促進のために会として請願や陳情も行っていた。

これらの活動の中で、精神薄弱児のためには、能力、年齢、障害にあった施設で、設備の整った環境で教育を受けさせることが不可欠であり、そのためには養護学校の建設が必要であるという結論に達したという。

そこで、翌38年（1963）9月、学校教育研究協議会長であった酒井は、三条市精神薄弱者育成会鈴木イツ会長、野水ヤス副会長、三条市教育委員会桜沢清教育長らとともに関係当局や商工会議所、民生委員協議会、連合ＰＴＡ協議会、連合婦人会、連合青年会等に働き掛け精神薄弱養護学校建設促進委員会が発足した。委員長には三条商工会議所金子佐武郎会頭が就いた。

酒井はその頃の様子を、月ヶ岡養護学校創立15周年記念誌「流れは　つねに新しく」で、以下のように振り返っている。

真夏の太陽が容赦なく照りつける昼下り、上町の亘事務所には異常な空気がただよっていた。市の教育長桜沢清先生が養護学校建設用地提供者の月岡地区民を同道、たまたま帰郷中の参議院議員亘先生の事務所を訪ね、県立養護学校誘致の件を陳情したのだ。

亘先生は「知事は養護学校は上越につくることにしている。いいじゃないか。」と軽くいなす。汗だくになっての桜沢教育長の願いはなかなか先生には通じない。困り切っているところへ偶然上町の浅間氏が姿を見せた。日頃先生とは昵懇の間柄であるだけに、事情を聴くなり浅間氏が口を割った「亘先生それはいけません。どうか教育長の話をよく聞いてやってほしい。今になって養護学校は上越市だなどそれは県民が許しませんぞ。是非先生のお力添えを……」と、単刀直入の切り込みで局面打開の手がかりをつかんだのであった。

養護学校は三条か上越か。そもそも問題の起点は純粋な教育的見地に立つ松原県教育長と、より広い政治的観点からの塚田県知事の観点の相違からとの情報を得た私達は、何としても知事のご理解をとりつけるべく総力を傾けたことであった。

幸いにも当時の県民生部長山添氏はかつて教育長勤務の経験もあり、障害児教育が民生部事業と深い関係を持っていることに着目し、民生部長山添氏の部下であった三条市出身の村松氏にその任を託したのであった。それぞれの御厚意と御協力の賜で間もなく養護学校の三条建設のことが決定した。俗に言う人脈の力の偉大さをしみじみ味わったことである。(原文のまま)

(3) 月ヶ岡養護学校の仮校舎受け入れを英断

多くの人々の熱意と努力により、昭和40年（1965）8月に設立認可を受け、月ヶ岡養護学校は新潟県最初の精神薄弱養護学校として同年9月に開校した。しかし、校舎は建築の最中であり、第三中学校の一部を仮校舎としての開校であった。

ちなみに、月ヶ岡養護学校の校舎建築は昭和40年10月から二期に分かれ、一期完成が41年7月、二期完成は42年2月であり、体育館は43年8月、職業指導棟の完成は42年2月であった。

当時の第三中学校は、21学級、生徒数900人を超える大規模校であったこともあり、生徒昇降口を仕切った職員室と3つの教室およびその前の廊下が月ヶ岡養護学校の仮校舎となった。

酒井は「三条に県立養護学校建設が決まったからには一日も早く学校開設をとの市民要望に応えて、当時第三中学校長であった私はただでさえ狭隘そのものであった校舎事情の中で、養護学校仮校舎として敢えて数教室を提供したのであった。校長の独断専行にもかかわらず生徒はじめ学区民から絶大な支持を得ながら、仮校舎をかかえての三中一ヶ年の教育実践は、まさに天佑ともいうべきものであろう」と振り返っている。

一時的な仮校舎とはいえ、学校の中に別校種の学校があるというのは、設置時も運営時も種々問題があることが多い。県内では、小学校、中学校、高等学校に特別支援学校の分校がある。

例えば、平成14年（2002）4月には、十日町市立十日町小学校の余裕教室に県立小出養護学校ふれあいの丘分校が設置（平成25年3月まで。以降は同一校舎内に十日町小学校と十日町市立ふれあいの丘支援学校が併設設置）されたり、平成17年（2005）4月には、糸魚川市立糸魚川小学校の余裕教室に県立高田養護学校ひすいの里分校が設置（平成25年3月まで。以降は糸魚川市立ひすいの里総合学校として糸魚川小学校に隣接設置）されたりした。また、平成22年（2010）4月には県立川西高等学校の余裕教室に県立小出特別支援学校ふれあいの丘分校高等部が設置され、平成25年（2013）4月には新潟市立白新中学校の余裕教室に県立江南高等特別支援学校川岸分校、平成25年4月には県立糸魚川白嶺高等学校の隣接地に県立高田特別支援学校高等部白嶺分校が設置された。

いずれも、設置時には既存校種の在籍児童生徒との動線の交差が不慮の事故防止の観点から問題となり、運営時には学習や行事等で使いたい教室等の調整が問題となって話がなかなか進まないことがあった。特別支援教育の理念や意識が進んできている現代においても課題が多いことから、養護学校が義務化される前の、昭和の時代の困難さは十分想像できる。それゆえ、酒井がとった行動は称賛に値する。

4　酒井誠治が学校教育以外に果たした役割

今まで見てきたように、酒井誠治は県央地域の特別支援教育の発展に大きな足跡を残した。その一方で、学校教育終了後の障害者福祉を初めとする障害者支援にも尽力した。

現在、障害者の生涯にわたるライフステージごとの途切れない一貫した支援が大きな課題となっていることを考えると、彼の先見の明だけでなくその実行力も卓越していた。以下、酒井が学校教育以外に果たした役割の一端を紹介する。

(1)　まごころ学園

昭和34年（1959）頃から精神薄弱者のための施設の建設運動に加わり、三条市、見附市、加茂市、長岡市、田上町で構成する新潟県中越精神薄弱児施設組合（現在は中越福祉事務組合）が、昭和38年（1963）4月に開所した障害児収容施設（現在は福祉型障害児入所施設）「まごころ学園」の初代園長を1年間兼務した。

(2)　わかばの会

障害者の自立と社会参加を目指し、障害者の雇用促進支援のための「わかばの会」の結成に力を尽くした。この会は昭和44年（1969）に結成され、就職の受入や紹介を積極的に行ったため、多くの障害者が県央地域の民間企業に就労することができた。しかし、この会は所期の目的を達したとして平成22年（2010）に発展的解消された。

(3)　手をつなぐ育成会

酒井は、在職時に三条市や見附市の育成会の結成に尽力したばかりでなく、当時は精神薄弱者といわれた、知的障害者の為の施設建設運動にも力を注いだ功績が認められ、昭和45年（1970）9月に、新潟県手をつなぐ育成会から感謝状を受けた。

(4) いからしの里

精神薄弱者入所厚生施設（現在は障害者支援施設）「いからしの里」は、昭和55年（1980）4月に開所したが、その前から開設準備室で園長として様々な仕事を精力的にこなした。

開所後は、入所者およびその保護者に親身に寄り添い、共に学び合おうとする姿に、皆深い感銘と多大な教えをうけたという。

5 まとめ

酒井誠治は、自身で特殊学級や養護学校で直接障害のある子供たちを担任したことはなかった。その酒井が、特殊学級と養護学校の設置、障害児のための施設設置のために心血を注いでかかわったのはなぜか。

その根底にある考え方を理解するにふさわしい記録がある。

それは、養護学校義務化が実施された昭和54年4月に新潟県教育委員会が発行された、「新潟県特殊教育の歩み」に掲載された『精薄校長いまだ健在なり』である。

以下、そこで述べられている酒井の思いのいくつかを記す。

『精薄校長いまだ健在なり』

教育とはだれのためにあるのか。特に特殊教育と呼ばれ、重い障害を背負う子どもらの教育を考えるとき、わたしはあえてわかりきった問題を提起し、改めて教育というものの在り方に反省を加え、今後の実践推進のために資したい。

1 特殊教育における異端者は誰なのか

私が特殊教育を手がけたのは、昭和32年4月からのことである。当時、県教育委員会では特殊教育の重要性に気づき、県下7市の教育委員会に対して、少なくとも1学級以上の特殊学級を設置するよう勧奨した。

当時三条小学校長であったわたしは、進んで設置に踏み切ったのである。すでに、昭和27年以来県の黙認を得て、病虚弱学級や三条結核病院内の小児病棟に学級を開設し、学習を通して作業療法を手掛けた経緯もあり、精神薄弱特殊学級の開設についての校内体制は万全であった。

(中略)

校長として特殊学級を設置するかぎり、単なる知能指数を尺度にこの子らを差別するわけにはいかない。毎日登校してくる子どもの中で、一番めんどうを見てやらなければならない子どもたちを対象とすることは、校長としてとるべき当然のことと信念を持ち……（以下略)

2 特殊教育はだれのためにあるのか

戦後30年、養護学校の義務制を前に障害児の全員就学を目指して、就学指導委員会の在り方が論議されている。

特殊教育とは、一体何を目指しての教育であったのであろうか。今からでも遅くはない。原点に立ち返って再出発してもよいのではなかろうか。とかく、学校内でも特殊学級の存在がやっかい視されがちなことは、昔も今も変わりはない。人は生まれてさまざまな社会参加の機会を得て成人する。障害児といえども、その例にもれないはずである。

(中略)

故糸賀一雄先生は、「この子らを世の光に」との名言を残された。この言葉の真意を体得してこそ、はじめて特殊教育に携わる権利が得られるといわねばならない。障害児教育を重視するならば、それ以上に障害児とともに生きるすべての児童、父兄、一般を教育し、価値観の変革ひいては人間改造を目指して教育が推進されなければならない。「人の投げた憎しみを胸にあたため、花と生えなば神にささげん。」とうたった詩人八木重吉先生の心に学ぶべきである。

(後略)

【酒井誠治略歴】

明治 43 年（1910） 7 月 27 日　西蒲原郡弥彦村で誕生
昭和　5 年（1930） 3 月　三条町三条尋常高等小学校訓導
（昭和 11 年 3 月　三条市立三条第一小学校と校名変更）
昭和 11 年（1936）11 月　新潟県新潟師範学校訓導
昭和 18 年（1943） 4 月　新潟県新潟第一師範学校訓導
昭和 19 年（1944） 3 月　見附町見附国民学校教頭
（昭和 22 年 4 月　見附町立見附小学校と改称）
昭和 22 年（1947） 4 月　今町町立今町小学校校長
昭和 23 年（1948） 5 月　新潟県南魚沼地方事務所視学
昭和 24 年（1949） 1 月　三条市立三条小学校教諭
新潟県教育委員会南魚沼出張所主事
昭和 24 年（1949） 5 月　新潟県教育委員会三古出張所主事
昭和 25 年（1950） 4 月　三条市立三条小学校校長
昭和 36 年（1961） 4 月　見附市立見附小学校校長
昭和 39 年（1964） 4 月　三条市立第三中学校校長
昭和 45 年（1970） 3 月　定年退職
昭和 45 年（1970） 9 月　三条市教育委員会教育長
（昭和 54 年 5 月　辞職）
昭和 45 年（1970）10 月　日本精神衛生連盟から特殊教育の功績により表彰
昭和 48 年（1973）11 月　新潟日報社から特殊教育の功労により新潟日報文化賞
昭和 54 年（1979） 7 月　県央福祉会理事及び　いからしの里園長
（昭和 59 年 3 月　退職）
昭和 56 年（1981）11 月　勲五等双光旭日章を叙勲
昭和 59 年（1984） 4 月　県央福祉会理事長（平成 5 年 8 月退職　その後顧問）
昭和 59 年（1984） 5 月　三条市長から三条市功労賞を授与
平成 16 年（2004） 3 月 10 日　93 歳で永眠

〈参考文献〉

三条療護学園（1956）わかば
新潟県立三条養護学校（1976） 閉校記念誌「ポプラとともに　二十三年の歩み」
新潟県教育委員会（1979）「新潟県特殊教育の歩み」文久堂
新潟県立月ヶ岡養護学校（1980） 創立 15 周年記念誌「流れはつねに新しく」文化印刷
三条市精神薄弱者育成会（1987）「どの子もすてらんねえ」
三条市精神薄弱者育成会（1989）「遥かなる道を求めて三十年誌」文化印刷
新潟県立月ヶ岡養護学校（1990） 創立 25 周年記念誌「続　流れはつねに新しく」
文化印刷

大谷勝巳（1992)「新潟県障害児教育沿革史」第一印刷所
三条市手をつなぐ育成会（1999） 創立40周年記念誌「遥かなる道を求めて　第二集」
三条印刷
新潟県立月ヶ岡養護学校（2005） 創立40周年記念誌「新　流れはつねに新しく」
(外山武夫)

5 手をつなぐ育成会

～子どものために福祉・教育の充実を願い、活動した人たち～

要旨　昭和27年(1952) 7月、東京都の、知恵遅れの子どもたちの母親３人が「子どもたちに幸福をもたらす教育を！」と訴えて、東京都神竜小学校に特殊学級の設置を望み、理解ある人達の応援もあり設置を実現させた。

当時、知恵遅れを伴う児童は、全国に50～60万人いたといわれ、特殊学級や養護学校も少なく、多くの児童が通常の学級に在籍していたということである。

特殊学級を設置に導いた母親３人は「こうした子どもの親が自ら立ち上がり、お互い手をとりあって社会に訴え、子どもたちに幸福をもたらす道を切り開いていかなければならない」という信念の下に、「親の会」結成を目指す苦労をかって出たのである。

幸い、三木安正（当時東京大学助教授：後に教授、旭出学園理事）などの学者をはじめ、各界に親の考えを理解し応援してくれる人々も存在していて「精神薄弱児育成会」(別名「手をつなぐ親の会＝現・全日本手をつなぐ育成会」) の実現をみた。

同時に、米国の作家パール・バック女史が、自身知恵遅れの子どもの母で『The Child Who Never Grew』(邦訳名『母よ　嘆くなかれ』) を紹介して、親の会設置に理解を示し、「親の会」発足を記念して刊行した『手をつなぐ親たち～精神薄弱児を守るために～』(昭和27年　国土社刊) に序文を寄せてくれたことも、親たちを勇気づけた。

新潟県では、全国親の会発足から７年後、昭和34年（1959）５月、何人かの親たちが「わが子の幸せのために特殊学級、福祉施設の設置を親が立ち上がって訴えなければ！」………の思いで結束して「新潟県精神薄弱者育成会」を設立させた。

他県の施設にわが子の専門的な養育を託していた親をはじめ、多くの親たちは「障害があっても、家族と地域で共に過ごす」という当たり前の願いを基盤に、「自分たちの地域で教育を推進する特殊学級や養護学校の開設」と、「自分たちの地域で対応する施設の設置」を要望しその実現のために苦労して活動を展開した。そうした活動を通して、新潟県における知的障害児・者のための福祉・教育の充実に大きく貢献した。

1　全国親の会発足（昭和 27 年）当時の保護者の記録

昭和 27 年（1952）に発足した「精神薄弱児育成会」を記念して刊行された『手をつなぐ親たち～精神薄弱児を守るために～』に、多くの「親の心情」が掲載されている。

当時、知恵遅れの子どもに対する教育が十分には行われていなかった事実の記録であるとともに、我が子の幸せを願いながら、自宅から遠く離れた施設に託したり、施設を探したりする切実な気持ちを吐露した記録等である。以下、掲載されている親の心情のいくつかを紹介する。60 数年前の「親」たちの気持ちを忘れてはならない。

(1) むだだった 6 年間

新潟県の一人の父親が「我が子に 6 年間無駄な教育を受けさせた」自分を責めた。そして中学進学に際し、我が子の能力にふさわしい教育をしてくれる所を求めた。新潟市の学区が違う舟栄中学校で特殊教育を行っていることを知り、そこに就学させることを決意する。学区の学校当局の理解と尽力により、学区外の舟栄中学校への就学が認められそこでの教育を受けることができた。そして、父親を「期待以上の成果があった」と思わせる教育を受けたのである。時の担任が中村與吉であった。

私の子どもＫは、身体の発育に異常はなかったが、3 歳になっても 4 歳になってもしゃべれない。そのうちにはしゃべるだろうと期待していたが、学齢期になってもしゃべれないので、1 ヵ年の入学延期をねがった。こうして 1 ヵ年待ったが、やっぱりしゃべれない。そのうちにはしゃべれるようになるだろう、というので、1 ヵ年おくれて小学校へ入学させた。(中略) そのうちに、そのうちにと思っているうちに 6 年間は夢のように過ぎさってしまった。

昭和 26 年 3 月、Ｋは小学校 6 年を卒業して 4 月から新制中学に入学することになった。小学校を 6 年間通学したＫは、けっきょく、なにひとつ習得できなかった。

(中略) これら児童をいかにして教育すべきかという問題は、一日たりとも等閑にすべきではなく、すみやかに特殊教育を充実して、国民ひとりも欠くことのない真の教育とせねばならない。

(2)「あるがままに育てなさい」

また、神奈川県の母親は次の文を寄せている。

満5歳の時、来年は学校！　と思うと、いても立ってもいられぬ気持で病院の小児科を訪れ、診察を受けました。先生は、よく診てくださり、私の顔をじいっとごらんになり、静かに「病名　白痴、薬はいらぬ。あるがままに育てなさい。」と申されました。そのお声、老先生の面影は、今も眼底にあります。……あの時の絶望、落たん、書く文字を知りません。ただ哀しさがどっと涙になってあふれでるばかりなのです。

「薬はよい。あるがままに！」私は、この老先生のお言葉を天の声として守りました。守りつつあります。　(中略)

いばらの道は遠く果てしないかも知れません。けれども、愛し、守り、歩みます。Rは私の産んだ児です。私の胸中に大きな夢をえがきます。それはフラナガン神父様のつくられた「少年の町」のような、また「小島の春」の小島のような不具の子の母と子の村をつくる夢。果実を作り、花を作る。小鳥を飼い、ミシンの好きな子にはやさしい仕事をさせ、草むしりの上手な子には草をむしらせる。

誰にもさげすまれず、冷笑されず、母は子を守り、むつみあい、助け合い、なぐさめあって暮らす。そんな村。思ってみるだけでも楽しい。

そんな空想でもえがいて、心を明るく持って生きていったら、何故の罪、何故の罰かは知りませんが、神仏といえども許したもうだろうと、かたく信じております。

「少年の町」「小島の春」の考え方は、後に、滋賀県で、糸賀一雄、池田太郎らと知的障害者施設を開設・運営し、家族で施設に住み込んで入所者と一緒に暮らした田村一二が、村長以下住民の全員が知恵遅れという構想で、昭和46年（1971）に著した、『茗荷村見聞記』の考えと符合する。

注：○ フラナガン神父（エドワー・ジョセフ・フラナガン）
　　アイルランド生まれでアメリカ市民権を取得。カトリック教会の聖職者・社会事業家
　○「少年の町」は、フラナガンが設立した、問題のある子どもの寄宿と教育のために設けられた児童自立支援施設
　○「小島の春」は、ハンセン病患者のための長島愛生園に勤務していた医師、小川正子が著した手記

(3) 母と子の天国

その田村一二が、糸賀一雄、池田太郎と共に立ち上げた近江学園にわが子を託した高知県の母親がいた。夫を戦地で失い一人で子育てに苦労する。子どもと一緒に死を選ぼうとした母に、時の児童相談所長が「こうした子どもたちの施設がある」ことを教える。それは東京・滝野川学園であったが、親戚に寄留することを拒否される。あちこち施設を探していくうちに「幸い四国から独りも来ていない」ということで、滋賀県立近江学園に受け入れてもらったという母親である。

次のように心情を吐露している。

> パール・バック女史のいう「付き添いの人は、愛情に満ちた親切な人であり、しかも子どもを愛し、手を下さないで子どもたちに好かれながら、子どもに規律を教える人でなければならない。その人が高等教育をうけているかどうかなど、大切なことではない。ただ子どもを理解できる人であればよいのです」という条件を学園の人はそなえておられます。ここではじめて施設の有難さをしり、最愛の子が安住の地を得たことは、

私自身にとってもよろこばしいことでした。

2 全国「精神薄弱児育成会」の誕生

(1) 子どもの幸福を願う親

「わが子に幸せをもたらす教育を！」と願って特殊学級設置を実現させた３人の母親は、わが子の誕生から学齢期に至る苦しい育児の過去を振り返りながら、特殊学級で教育を受けることができる幸せを実感していた。一方で、「小学校の特殊学級で学ぶ当分の間は幸せだが、やがて中学校に進み、その先中学校を卒業した後はどうなるのだろうか？」という不安をかかえていた。

要旨にも述べたが、当時同じような知恵遅れの子どもたちは他の障害も含め50～60万人もいたといわれる。「この子どもたちが中学校卒業後、対応してくれる施設があるのか？」という現実的な課題に直面し、「他人に頼っていてはだめ。親たち自らが立ち上がって、現実を社会に訴えてわが子の幸福の道を切り開いて行かなければ！」と決意し、在住地区の教育委員会を通して東京都教育委員会とも相談し、「親の会」が発足したのである。

(2) 親を勇気づけた人達

相談を受けた在住地区・千代田区教育委員会の担当者（障害のある子どもの親の相談に乗っていた花岡忠男氏）の協力によって、親の気持を理解する多くの賛同者を得て、東京都教育委員会に所属する八木沢善次氏を会長とする会が発足したのである。

「親の会」の会長に、教育委員会に関係する者が就くということは、現在の福祉・教育界では考えられないことであって、当時の行政と保護者の意思疎通・連携を現わす事実であり、驚きを感ずるのである。

このような地域の行政官の他に、当時障害児の教育に深い理解を示し、その教育に打ち込んでいた実践的な学者三木安正、国を違えながら自らも知恵遅れの子どもの母として、苦心していた米国の作家パール・バック女史の存在とバックアップも、母親たちの大きな力となった。

① 三木安正の存在

三木安正は、明治44年（1911）東京に生まれ、昭和11年（1936）東京大学医学部脳研究所の研究生となり、そこではじめて知恵遅れの子どもの存在と、その教育の必要性を知った。以来三木は、知恵遅れを中心とする障害児の教育に精魂をこめた。

昭和13年（1938）、三木は恩賜財団愛育会愛育研究所員として「異常児（注：当時の表記）保育室」を開設して障害のある幼児の保育に携わった。その後文部省教育研修所員となった三木は「特に特殊教育および幼児教育」を担当して、昭和22年（1947）6・3制教育の実施と共に、研修所内に「中学校段階の精神薄弱児（当時の表記）のための特殊学級」を東京都品川区大崎中学校分教場（後の都立青鳥養護学校）として開設した。

三木は、障害のある幼児・児童生徒とかかわりながら、障害児のための保護と教育について、また障害児の親の問題についても研究を深め課題解決に取り組んだ。

三木の研究と実践を集大成した『精神薄弱児教育の研究』(1969年刊　日本文化科学社）は960頁に及ぶ力作である。その中に「回顧と展望　日本の精神薄弱教育の親の問題」と題した論文がある。

三木は「精神薄弱児がいることは家柄を汚すことであり、また恥ずべきことであるから、よそには知られないようにするということに大きな努力が払われてきた。特殊学級ができても、子どもを入れたくないという親が過去には多かったし、今日でもかなりいるのである。しかし、憲法において『すべて国民は、その能力に応じて、等しく教育を受ける権利を有する』などのことが強調されるようになって、家中心より人中心に考えられるようになってきた。(中略) そして、ついに日本の親たちも目ざめて立ち上がる時が来たのである。」と記している。

② パール・バック女史の応援

「あの子どもたちはみな彼らの独特の目的をもっています。世の親たちよ、恥じることはない！　絶望してはいけません。その子は自分と世の他の多く

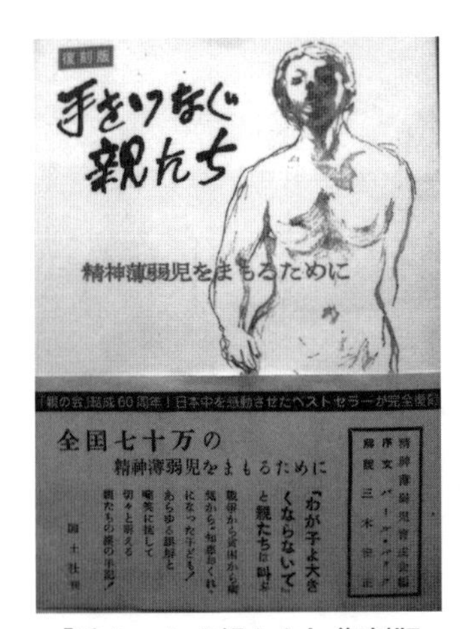

『手をつなぐ親たち』復刻版

の子どもたちのため、たしかに特別の目的をもっているのです。………」

昭和25年（1950）に刊行された、米国のノーベル文学賞受賞者パール・バック著『母よ嘆くなかれ（原題　The Child Who Never Grew)』（松岡久子訳　1925年初版　法政大学出版局）の言葉である。

この書籍はその後平成5年（1993)、時の神戸大学教授伊藤隆二が「蔑視語が気づかれずにつかわれている」として、全文を訳し直して改版されている。ちなみに、伊藤隆二は神戸大学で障害児教育に取り組み、糸賀一雄が問いかけた『この子らに世の光を』を受けて、後年『この子らは世の光なり』を著した人である。

日本で親の会が発足し、率直な親の気持を訴えた『手をつなぐ親たち』の初版の出版に際して、パール・バックは序文を寄せている。

> 「わたしは、日本で知恵の遅れた子どもたちのための事業がいろいろなされつつあることをきいて本当に嬉しく思います。さらに、そのような子どもをもつ親たちがいっしょになって1冊の本を出版しようとしていることを知らせていただき、そこに私のこのささやかな一文を寄せる名誉を与えられたことをいっそう嬉しく思います。
> （中略）このような劣弱な子どもをもったわれわれ親たちは、親密な、いわば血縁につながるものです。そしてこの血縁のつながりは、憎しみや戦争という忌まわしい言葉を超越して、世界中のすべての国々に真実なるものを行きわたらせるでしょう。
> （中略）ともかく、永遠の子どもたちには幸福を与えることが必要であります。幸福の中において、はじめて精神が発達し、こころが豊かに成

長していくのです。

こちらのアメリカでも、親たちは一緒に集まり、一緒に仕事をしなければならないということを次第に覚ってきております。そして、それは自分たちの子どものためだけではなく、われわれの子どもと同じようなすべての子どもたちのために、安全に生活のできる世界をつくろうということに向かっているのです。すべての遅れた子どもたちの背後に、彼らに黎明をもたらそうと努めている親たちの群がなければなりません。(後略)」

(3) 会の名称に「精神薄弱」という言葉を使う危惧と不安

3人の母親の思いが端緒になって発足することになった「親の会」ではあるが、正式名称をどうするかが議論になった。

障害のある子どもたちが幸福になってほしい、そのために親が実状を訴え道を切り開いていこうとする会ではあるが、「精神薄弱という名称を付すことは辛い」という親も当然ながらいた。

そういう厳しい実状を、三木安正が残した記録（「手をつなぐ親たち」の解説）があるので引用する。この記録は、当時の親たちの苦悶を乗り越える貴重な記録であり、障害児教育・福祉にかかわる多くの人が心に止めておかなければならないと考える。

この会ははじめ児童問題研究会というごくありふれた名称で動き出していたが、いよいよ発会式をするという前になって、この会ははっきりした目標をもった啓蒙運動をする団体であって、単なる研究団体ではないのであるから、目標をはっきり唱った会名をつけるべきだという声が出てきた。

その提案には誰も異存はないのであるが、さて、具体的に何という会名にするかという段取りになるとなかなかいい案が浮かばない。というのは、精神薄弱児というような言葉を出さなければ目標がはっきりしないのであるが、そうした言葉をはっきり出されることは、親の身になってみれば、いかにもつらい。また、中央に集った先達たちだけなら、こうした名称を打ち出しても、もはやそれを乗り越えて行くだけの覚悟はできているが、今後同志を鳩合して行くために、理解の浅い地方などでは、こうした名称の故に参加をしぶる者が多くなるのではないかということであった。こうした議論のために2日以上は費やされたであろう。しかし、きれいな名前をつけようとすれば、それだけ行動目標から離れるのであり、意図がぼやけてくるのであるから、思い切って精神薄弱児という言葉を押し出そうではないかという意向が強くなり………ついに開会式の席上、投票を求めたところ、精神薄弱児育成会という名称が多数を持って決定せられたのである。

並々ならない気持が実った当時の親たちの心情を、現代の親たちはどのように受け止めるのだろうか。

3 新潟県「精神薄弱児育成会」の発足

東京で「精神薄弱児育成会＝手をつなぐ親の会」が発足してから7年後、昭和34年（1959）5月、新潟県にも、福祉、教育、保健医療関係者が協力して「社団法人新潟県精神薄弱者育成会」が結成された。

以下、新潟県育成会に関する内容は、会の発足当時を知る現新潟県育成会理事長であり、全国育成会副理事長でもある片桐宣嗣氏と県育成会理事神田俊子氏へのインタビュー（平成25年5月15日）、上越市育成会に関する内容は、上越市育成会事務局・NPO法人ポプラの家の中村功平氏と松原義一氏へのインタビュー（平成25年4月22日）、そして関係資料を精査してまとめたものである。なお、インタビューは小杉と丸山があたった。

(1) 特殊学級設置と新潟県育成会の誕生

① 特殊学級設置の願い

（県育成会へのインタビューから）
○ 当時の親の願い
当時（昭和20年代後半）は、まだ就学猶予・就学免除制度があって、知的障害の我が子・我が兄弟姉妹は、教育を受けることができずにいました。
それは差別といってもいいでしょう。
「我が子の教育を受ける場がほしい！」という切なる願いを実現するために、「親の会」が力を結束する中心になって、広報、陳情などの活動をしました。

片桐宣嗣

新潟県に知的障害児のための特殊学級（注：当時の名称）が誕生したのは、昭和22年(1947)新潟市立舟栄中学校が最初である。続いて昭和24年(1949)に川口町立川口中学校と新潟市立新潟小学校に開設された。

舟栄中学校に開設した昭和22年は、前述したように、中央で東京大学三木安正を中心として大崎中学校に日本初の知的障害児のための特殊学級が設置された年と時を同じくしており、その意味では「先駆的な施策」として認められるところである。

終戦直後の厳しい状況の中で、障害児教育に携わる教員をはじめとする多くの人たちの努力で、特殊学級の設置が徐々に進み、全国で昭和29年（1954）には10校、そして昭和34年（1959）に40校、昭和39年（1964）には150校と増設されていった。

特殊学級設置を実現するために中心になって活動した片桐氏の父の時代、就学免除になっていた弟も昭和32年（1957）、柏崎市立比角小学校に誕生したすみれ学級に1年遅れで就学したのである。

② 新潟県親の会結成

先に述べた東京都の母親による「知恵遅れの我が子の幸せのために」の気持ちと行動が共感を呼び､新潟県でも「親の会結成」に向けての動きが進んだ。

昭和31年（1956）に発足した新潟市を発端に、昭和33年に新発田市、昭和34年に長岡市、三条市、加茂市などに、市町村単位で親の会が結成された。

そして、昭和34年（1959)、県親の会の連合体として「社団法人新潟県精神薄弱者育成会」が結成された。

結成に参加したのは、新潟市、長岡市、三条市、新発田市、佐渡郡の4市1郡という少数であった（新潟県手をつなぐ育成会編「40周年記念誌21世紀へのかけ橋」から)。

昭和34年(1959)の設立総会では、次のような「決議」が採択された。

> 知的障害者の大多数は、適切な保護のもとで教育・医療・職業補導により社会の一員として自立できるものである。しかるに現状においては精神薄弱児対策の恩恵は2%に過ぎず、法人設立にあたり早急に関係対策を講じるとともに、特に①各種施設の早期整備　②養護学校の設置と特殊学級の拡大　③職業補導の確立を求めて行こう。

県育成会設立にあたっては、親だけでなく、県民生部児童課をはじめ教育関係者、福祉施設関係者の協力があった。当時の関係者が深く関わっていた貴重な記録がある。

③「教育の場」との連携

> (上越育成会へのインタビューから)
>
> 当時の「親の会事務局」は、高田養護学校の中にありました。上越地域全体の育成会連絡協議会のような役割ももっていて、学校が地域の育成会の窓口になっていました。
>
> 当時の校長先生の「この教育に対する理解」があって、事務局を学校

内に置いていただきました。学校の校務分掌に「育成会係」も位置付けられていましたし、多くの教員も育成会の会員になっていました。

（県育成会へのインタビューから）

リーダーは、教員、医師、弁護士などの学識経験者でした。その中の１人が理事長職を受けて下さった。その人達の指導を得て、地域の親の代表が理事として参画しました。脇で支えていてくださったのが中村與吉先生であり伏木弘先生という教育関係の方々でした。中村與吉先生は、明生園の園長と新潟市育成会の理事を兼ねながらご尽力くださった。

今は、学校の業務の拡大等により、事務局は学校から離れて作業所等に移っています。そのため、若い親（就学児の保護者）の親の会にかかわる割合が低くなっている状況を生みだしています。

知的障害児者にかかわる各機関から、関係者として参画してもらい、会の充実を図った当時の保護者の心構えと、その気持を理解し、応援しようと参画した人々の精神を忘れてはならない。

昭和34年設立時の県育成会理事の職業及び役職21人の状況は以下のとおりである。

理事長	弁護士	理　事	元県立聾学校長
理　事	県教育委員長		新潟市立施設園長
	特殊教育研究会長・副会長２人		新潟日報編集局長
	県立施設園長		精神病院協会会長
	新潟大学教授２人		母と女教師の会会長
	新潟大学名誉教授		地区代表保護者７人

（「新潟県手をつなぐ育成会40周年記念誌　21世紀へのかけ橋」から）

このような協力関係は、その後個々の学校設立、施設設立の時代にも引き継がれていたことも併せて記録に残しておきたい。次のような事実が残っている。

高田養護学校設立時には、上越地区婦人会、女教員会の大きな協力があった。

現妙高市のにしき園が、旧中頸城郡三和村錦の地から新井市の現在地に移転開設する際には、当時の新井市は「にしき学園」が設立される地区を「新井市錦町」と地名を変更した。地域の人達の教育、福祉に対する思いが伝わってくる。

(2) 通園施設の拡充と育成会

(県育成会へのインタビューから)

特殊学級が設置された後、拡充されていったのは「通園施設」です。「我が子に対応してくれる教育・福祉の機関がないか、そういう機関がほしい！」という動きが各地にできていきました。

なぜか？　というと「特殊学級を卒業したけれど、それから先は行き場がない！　どうしたらよいか？」という親の不安が大きくなっていたからです。全国で初めての通園施設が、新潟市にできた明生園です。

明生園開設とともに、知的障害者のための「入所施設」「授産系施設」が開設されました。あけぼの学園（長岡市)、にしき学園 (当時三和村)、新星学園（佐渡郡新穂村）でした。

当時は、国としても知的障害者への対策が始まった時期であり、福祉・教育機関とも充実しているとはいえなかった。

あけぼの学園は県立で昭和 30 年（1955)、新星学園は村立で昭和 34 年 (1959)、にしき学園は組合立で昭和 35 年 (1960) の開所である。ちなみに、各施設は現在、あけぼの学園は県立の「者」の施設、にしき学園は「にしき園」として妙高市で社会福祉法人上越福祉会傘下、新星学園は県立となっている。

当時の状況を回顧して、元上越市手をつなぐ育成会会長五十嵐団治氏は、同育成会15周年記念誌（1995）で次のように記している。

親の会が発足した今から30数年前は、漸く知的障害者への対策が本格的に始まった頃で、障害児（者）の多くは、親によって全面介助されており、福祉行政も教育制度も今とは雲泥の差がありました。多くの知的障害者は家の中に閉じこもり勝ちか、野放し状態で福祉の恩恵にあずかることは極く少なく親たちはわが子の将来に不安を感じ、介護に疲れ果てていました。多くの知的障害児は、教育を受ける権利を奪われ就学免除や猶予の通知をうけとり、口惜し涙を流したのもこの頃でした。そんな環境の中で親たちは「この子らのために」を合い言葉に全国各地で「手をつなぐ親の会」をつくり活動を始め、上越地方でも多くの市町村で親の会が結成されました。

(3) コロニー、ミニコロニー建設の動き

① コロニー建設

昭和40年代に入ると「コロニー建設」の動きが出てきた。国の福祉行政に則り新潟県も障害児者のための施設建設の方針を打ち出した。

新潟県では、昭和43年（1968）に「コロニー協力推進協議会」を結成し、県民大会を開催するなどして建設に向けた活動を活発に展開した。

結果、昭和46年（1971）4月、寺泊に「コロニーにいがた白岩の里」が開設して、月ヶ岡養護学校、高田養護学校の卒業生も多く入所した。

この「コロニー建設」構想に、親の会はどう考えどう行動したのか。

(県育成会へのインタビューから)

昭和46年（1971)、寺泊に開設された「コロニーにいがた白岩の里」ですが、県立で全県1区、当時定員が500人、入所倍率が8倍～10倍で大学に入るより難しいという厳しい現実がありました。

そんな状況の中で、私たちは「自分たちの子どもの行き場を探す、行

き場を作る」という決意で活動しました。「学校か施設か」という問題ではなく「わが子の行き場を求めて」の親の会の活動でした。

わが子のために「小学校特殊学級、中学校特殊学級、中学校卒業後の行き場」を求めました。当時は「就学は、中学校までやむをえない」という意識が強かったのです。

知的障害者や親たちは施設充実の動きを喜んだ。同時に、その施設の入所倍率が8倍～10倍という現実に「わが子の行き場がない」ことに苦悩する。現実に直面した親たちは「それでは、各地域で小さなコロニーを用意していきましょう」という発想で動き出した。その動きの中心になったのが「各地域の育成会」であった。

②「ミニコロニー」構想

親の切実な声にあるように、自宅から遠い施設にわが子を手放す不安、身近で見守っていたいという親の気持から「ミニコロニー構想」が語られるようになる。

(県育成会へのインタビューから)

寺泊から距離のある地域では、山の中のすごい環境、地域の会合での説明や施設建設のための募金活動など、地域の人たちへの理解啓発に努めましたが、偏見も残っていた時代で受け入れてもらえない状況下で風当たりが強かったです。

ミニコロニー構想に関して育成会の側から言わせていただくと、それぞれの地域で学級、学校、施設ができてきた中で、親の会の中心となっている人たちが「自分たちの子どもの行き先」を考えて活動しました。

合わせて「通園施設を出た後の行き先」という問題が生じてきました。

昭和40年代に入り、児童施設では入所施設の年齢基準を上回る人が増加するとともに、在宅者の年齢も徐々に高くなった。育成会ではこの現実を受け止め、関係機関に「大人の施設」建設を訴えた。新潟県もその訴えに耳を傾け、「家族の身近で地域社会の生活共同体としての施設、地域特性を生かした地域立地型の施設」を県内に配置することを決め、昭和49年（1974）県育成会定期総会で、当時の君健男知事によって「心身障害者施設（ミニコロニー）整備計画・運営構想」が発表された。保護者の願いが実現に向けて動いた一歩であった。

県が示した「ミニコロニー構想」は、以下のとおりであった。

○全体計画 ― 県内を10圏域に分け、各圏域に精神薄弱者更生施設を配置計10か所整備
県内の上・中・下越に各1か所の身体障害者療護施設　計3か所整備

○施設定員 ― 各施設とも定員　50人

○立地特性 ― 施設を立地する地域の特性を生かした都市型・農村型に特色づけ

○設置主体 ― 社会福祉法人

○施設運営 ― 地域の中の施設として、施設職員、保護者、地域社会及び関係機関が一体となった生活共同体としての運営

○整備時期等 ― 表－4「ミニコロニー構想による施設の整備状況」のとおり

（「新潟県手をつなぐ育成会40周年記念誌　21世紀へのかけ橋」から）

表−4「ミニコロニー構想による施設の整備状況」

施　設　名	設置場所	開設年月日	施　設　名	設置場所	開設年月日
六花園	堀之内町	昭和52.5.1	浦田の里	村上市	昭和57.4.1
大峰寮	加治川村	昭和54.4.1	みのわの里更生園	越路町	昭和57.4.1
いからしの里	三条市	昭和55.4.1	松波の里	柏崎市	昭和57.4.1
かなやの里更生園	上越市	昭和55.4.1	なかまの家	川西町	昭和57.4.1
いずみの里	五泉市	昭和56.5.1	みのり園	新潟市	昭和58.5.1

4 知的障害養護学校高等部設置と育成会

昭和59年（1984）4月、「卒業後の職業的自立」を目標として高田養護学校に新潟県で初めて高等部が開設された。

昭和30年代、全国で知的障害教育でも高等部教育の必要性を訴える動きが起こり高等部設置が進められたが、新潟県では「高等部教育より福祉施設」という考え方の下に、前述のようにコロニー、ミニコロニー設置などの福祉施策が進められた。

高等部設置まで育成会として苦労をされてきた保護者の一人、中村功平氏（現NPO法人ポプラの家所長、当時高田養護学校PTA会長）は、当時の状況を次のように語っている。

（中村功平氏へのインタビューから）

○当時、PTA役員をしていてブロックや全国の会合に出ると、東京都などは高等部ができ、そこで教育するのが当たり前という状況でした。実際、見てみると生徒の身体づくりができていて体格はいいし「高等部教育でこんなに伸びるのかなあ」と思いました。

高田で、中学部を卒業していく生徒を見ていると「こんなものかなあ」と感じていただけに「これは3年間という短い期間だけども、高等部の教育は大事な期間であり、何としても高等部をつくらなければ……」という思いに至りました。何せ全国で高等部のない県、下位から3番目でしたから……。

○高等部をどこにつくるかという問題がありました。高田が運動を始めていましたが、長岡市と三条市の育成会が「応援してやろう」ということになってきて、私としては「これは何としても高田にもってこなければならない」という気持ちになりました。

PTA役員が中心になって、先生方も含めて「高等部設置準備委員会」を立ち上げました。県への陳情のために、県庁に16～17回行っています。

○10人しか合格できないという現実の中で、苦労して運動した保護者の中にも自分の子どもが入学できなかった人が何人もいました。それでも、みんな一生懸命運動しました。不合格になったときのことを考えて、「作業所を立ち上げる」運動も連動して動いていきました。

しかし同時に、親たちは「仮に高等部ができたとしても３年後高等部を卒業した後のわが子の状況はどうなるか？」に不安を抱いた。これは、県下上・中・下越の地区を問わず現実の課題であった。

以下は、時の心情を語る保護者の声である。

(県育成会へのインタビューから)
○高等部設置の話が出たとき、新潟地区で「施設が足りないのに、高等部３年で卒業した後のことを考えると、同じお金を掛けるなら施設をたくさん作ってほしい」という気持ちをもった親もいました。
○「今、施設に入れない子どもがたくさんいる現実から、高等部設置に反対する」気持ちをもった親がいたことも事実です。「施設があれば子どもだけでなく親も救われる」という気持ちだったと思います。
○どの子の親も「自分の子どもに当たり前な教育を受けさせてやりたい」と思い、署名運動を展開しましたが、重度の子どもの親は「高等部より、行き場のない子どもたちのための足りない施設をつくる方が先ではないか」という強い気持があったことは事実です。

比較的障害の程度が軽度の子どもの親が「就労＝働く力を育てるための教育が必要だ」という意識から、高等部設置を要望したのです。特に高田地区の親が強く運動しました。

「高等部より施設を」という声が多い中で、「県育成会」として高等部設置を後押ししようという雰囲気はあったのかどうか。片桐現理事長は次のように語っている。

○当初は、ともかく「ミニコロニー構想」に前のめりになる状況でした。ミニコロニー構想が整ってくると、中・軽度の子どもたちの行き場として教育の場が必要だという声が親たちから強くなってきました。県もその声に応えて上・中・下越地区に高等部を整えてきました。しかし寄宿舎制度を使っての高等部教育であったため、「寄宿舎制度は障害のある人にはかわいそうではないか」ということで、通学圏を小さくした形での設置をお願いしたいという考え方をとるようになり、今なお継続して要望しているのです。
○県から「高等部設置」に関して意見を求められる会があり、育成会代表として出席しました。「卒業後の就労」は通常の高校生でも卒業後自立せよということは厳しいのに、まして障害のある子どもに「中学卒業後就労せよ」とは全く無理な話なのです。

高等部を卒業した後、当時で言えば作業所や授産施設を利用しながら、そこで訓練を受けた上でじっくり就労につなげていく方がいいのではないかと申し上げました。

上・中・下越に寄宿舎を使いながら、あるいは長時間かけての通学はある意味現実離れしている話なので、普通に通える範囲で高等部を設置してほしいという気持は当時も現在も継続してあるのです。

5 育成会の現状と課題

手をつなぐ育成会が東京で発足した昭和27年から62年、新潟県育成会が誕生した昭和34年から55年が経った。当時の「子どもたち」は60歳から70歳を越したであろう。

福祉・教育施策の進展もあり、親の会発足時のような「自宅だけで過ごしている」子どもはほとんどいないと言ってよいだろう。それゆえなのか「親の会」会員が減少している現実、そして地域によっては親の会が解散している現実がある。

「わが子のために施策を」と声を挙げて活動してきた人たちは、現状をどうとらえているのだろうか。県育成会理事長片桐氏と理事神田氏は次のように語っている。

○高等部を卒業した人が就労できるかと言えば現実は限られた人たちです。その現実の中で、保護者の中から出てきた強い要望は「作業所を各地に作ってほしい」ということでした。各地の育成会がその声に応えて対応しました。そして作業所を法的制度に載せて授産施設に切り替えて来たという流れがあります。

各地で100%でないにせよ、そういう形ができあがってきた状況があるので、残念ながら保護者に危機感がないと言っていいでしょう。私たちの時代は何もないところからのスタートだったので、「これも作ってほしい」「あれも作ってほしい」ということでした。今は、自分の意思を伝えれば行政は手だてをしてくれている状況だと思います。

○行政が手だてをしてくれることが当たり前だと思っている人がいると思いますが、その状況を作ってきたのも実は育成会なのです。何もないところから、親たちが「住みやすい環境を整えて！」と声を挙げ、汗を流して活動した育成会という福祉団体があったからこそということを、若い人たちに伝えていかなければならないと思います。

○若い人たちは今共働きで、育成会役員の引き受け手が少なくなりました。育成会というボランティア活動に消極的です。今の人は恵まれすぎています。若い人達も「自分の子どもの将来のために何ができるか」ということを、今の社会情勢の中で整理するためにも、数は少なくていいから会合をもって話し合ってほしいのです。若い人も必ず年をとります。その時のために、先を見通して今何をしておけばいいのかを考えておいてほしいのです。

○私たち「育成会」としても、「育成会」に反省点はないのか？ とも考えています。

各市町村育成会のメンバーが固定化しているが故に新しい発想と新しい活動ができていないのではないか？　それが新しい人を引きつけていない状況なのではないか？　ということもあります。

○今の若い人たちは「育成会」という枠組みでとらえるより、それぞれの「保護者会」の活動として考えますが、個々の保護者会が声を挙げても、物事を大きく変えることは難しいと思います。「育成会」という名前を使うことでその声は中央に届くのです。各市町村の育成会の課題を県育成会が見直し、集約して国に届けて解決してきたのです。そのことを会員皆さんが知ってほしいと思います。

○福祉行政の面から考えると、かつて措置制度のもとで、市の職員も「どの家庭にどういう障害者がいるか、顔まで見えていた」と言えましょう。現状は、市に話がなくても直接「施設との契約」にいってしまうケースがあるから、行政としても状況を把握しづらい現実があります。

よく言えば「個人主義の契約の社会」になってきています。流れとしてはよく分りますが、正しい選択が為されているか考えさせられることもあります。

○育成会は、かつては学級、学校づくり、そして施設づくりという「受け皿づくり」の中心になってきました。これからの育成会は「いかに本人の権利を守っていくか」ということがメインになるだろうと思っています。その切り口から若い人に語りかけていく必要があると思っています。

上越市育成会事務局の中村功平氏も同様なことを語っている。

○知的障害の手帳がある人は旧上越市で1,500人くらいですが、育成会の会員は2割くらいの300人です。組織率は落ちています。

福祉に関する制度が充実してきて学校の放課後支援、ショートステイなど、支援が整ってきた中で、困りごとが少なくなってきたという事実があり、「目先のことが良ければよい」という考え方になり、育成会に頼らなくても自分一人で行政に行って要望すれば何とかなる……というところがあって会に入らなくてもいい……という状況なのです。
　私たちの時代は、先輩から「あんたたちが動かないでどうする！」と言われて……それが当たり前の時代でした。

6 まとめとして

(1) 育成会が知恵遅れの子どもたちのために果たした役割

① 特殊学級・養護学校設立で教育の充実

　東京では３人の母親が「我が子の幸せのために特殊学級を！」と声をあげて願いを叶えた。
　新潟県でも、多くの就学猶予・免除を余儀なくされた子どもの親たちが「障害が故に教育を受けられないことは差別ではないか。我が子にも教育を！」と訴えて、特殊学級を設置することに力を尽くした。
　知恵遅れの子をもつ親の小さな声が、おなじ知恵遅れの子をもつもう一人の親の心に響き、さらに何人かの親たちの心を結びつけていった。そして「親の会」の結成に向かう。
　その親たちの真剣な気持ちが周囲の人々の理解と協力を生んで、行政を動かして特殊学級設置に漕ぎ着けたのである。
　「障害のある子どもを世にさらすこと」に躊躇する親たちも多くいた中、「我が子の幸せのためには、我が子の障害に対応したSpecialな教育を！」と訴えた親たちの、わが子を思う心と勇気を忘れてはならないし、「無から有を産み出す」苦労を学ばなければならないだろう。
　新潟県でもこういった勇気ある親たちがいたからこそ、その後特殊学級、養護学校、そして後年、知的障害児のための養護学校高等部の設置が進んだといってよい。

② 自宅近くの施設建設を推進

　冒頭で、高知県から滋賀県近江学園に子どもを託した母の心情を記した。

新潟県にも、我が子を滋賀県、田村一二氏が関係する施設に託した人がいた。その一人が、長岡市親の会で子どもらの幸せの訴えを積極的に発言していた中野庄蔵である。

中野は、遠くの施設に子どもを託している「親」としての苦悩、その苦悩を克服しようとする努力などを熱く語っていた。

新潟県に限らず、知恵遅れが故に自分の地域・自分の親もとで教育を受けられず、家族から遠く離れた他県の施設で過ごしていた子どもたちが多くいた時代。

「我が子に適切な教育と福祉を！」と願わない親はいない。自分の住む地域、自分の住む県内に機関がないとなれば、そして他県に受け入れてくれる施設があれば、「遠くの地に離す切なさより、そこでの我が子の成長を！」と願って託したのであろう。

親たちは「自宅近くで、近隣の地域で我が子に対応してくれる施設の設立」を望み、そのために「親の会」の力を結集して活動したのである。

（2）保護者と関係機関との連携

東京で3人の母親らが育成会を立ち上げた時、三木安正をはじめとして、教育委員会関係者ら多くの人たちが後押しをしたことを述べた。

三木は、昭和22年、6・3制が発足することとなった時、文部省教育研修所に在籍していて「中学校特殊学級の実験学級設置」を考えていた。研修所長城戸幡太郎の理解もあって、研修所内に品川区立大崎中学校の分教場として特殊学級が設置された。そして、戦前から長く特殊教育に携わっていた小杉長平（後の初代都立青鳥養護学校長）を担任として抜擢し、小杉や山口薫（後に東京学芸大学教授、同附属養護学校長）らによる教育の成果を見て、三木は保護者の願いを理解して支援したのである。

新潟県でも県育成会が発足するとき、教員が会員になっていたり、前述したように会の役職を教育関係者、医療関係者、福祉関係者が担っていたりして、親の代表者とともに会の充実に精魂をこめた。

一人の子どもを、家庭、教育、医療、福祉の関係者が多面的にとらえて「いかに対応することがその子どもの幸せにつながるのか」を皆で考えて対応したのであろう。

時代がそうしたといえようが、現在の特別支援教育、福祉施設の状況を見るときに、かつての姿に学ぶことがあってもいいのではないかと思う。

（3）昇地三郎氏の逝去

この記録を整理・執筆している最中、平成25年（2013）11月27日、福岡県にある「しいのみ学園」を創設した昇地三郎氏が107歳で逝去された。

脳性小児麻痺・知的障害の2人のご子息のために、夫人とともに学園建設を決意、家財を売り払って「しいのみ学園」を開設して子どもたちと過ごした人である。

昭和43年（1968）に発行された昇地氏の著書『しいのみ学園』(著者名は、著作時の旧姓：山本三郎となっている)の冒頭に次の記述がある。

> 「子どもの就学猶予を出したいのですが、用紙がありましょうか」教育委員会の受付の窓口をのぞきこんで、わたしはおそるおそるたずねた。
>
> 「そんな用紙は、とくに用意してないから、適当に書いて出してください。医者の診断書がいりますよ。」事務員のことばは、べつに冷たくはないが、老眼鏡の上から、矢で射るような視線をこちらへ投げかけた。
>
> 「小児マヒ残遺症につき就学猶予を適当と認む」という医師の診断書をポケットに入れたままで、就学猶予願を書いていると、用紙の上に、曲がった足、青ざめた顔、学校へいけない哀れなわが子の姿が浮んでくる。
>
> 12年まえに長男有道の入学期に出したのとおなじ就学猶予願いを、二男照彦の入学にあたって、きょうまた、おなじように出したのである。なんというふがいない父であり、なんという不運な子であろうか……、春まだ寒い麦畑の道を、わたしはうち沈んでわが家へかえってきた。

我が子２人が就学免除。自宅で対応するしかすべがない現実であった。
昇地三郎氏の逝去を報じた朝日新聞の「惜別」の記事がある。(2014.2.10)

> ２人は毎日を自宅で過ごし、垣根の向こうを小中学生が通ると、兄は弟の姿がさらされないよう、かばってうずくまった。
> その姿に妻の露子さんと学園建設を決意。1954年、代々続いた造り酒屋を売り払い、知的障害や肢体不自由がある子どものための「しいのみ学園」を福岡に開いた。

障害児者のための福祉、特別支援教育が整っていなかった時代の「親の苦しみ」が伝わってくる記録である。公にされてはいないだろうが全国至る所で、同じように悩み苦しんだ保護者がいたこと、そしてその苦悩を克服して我が子の幸せを獲得した保護者がいたことは想像に難くない。

（4）育成会の今後

「手をつなぐ育成会」の変遷をたどってきたが、中央でも地方でも、子どもたちの幸せのために一生懸命尽力した会員が多くいたことは事実であった。そのことを改めて実感したし、その人達の遺した貴重な遺産を見失わないようにしたいものである。

ところで、平成26年3月に、全日本手をつなぐ育成会における「事業の停止と法人格返上」のニュースが飛び込んできた。その理由は、「社会福祉法人として行ってきた、障害のある人の権利を守り、家族を含めてその生活や福祉の在り方を考えていく活動にとって、社会福祉法人という枠組みが合わなくなってきていたため」だという。もちろん、国における社会福祉法人の見直しもその背景にある。

約1年前、平成25年4月に、小杉と丸山が県育成会や上越市育成会にインタビューした内容にも、今後の育成会の有り様が論じられていたが、全日本手をつなぐ育成会がこのような帰結に至ったことは感慨深い。ただ、都道府県や市区町村の育成会は、従来通り組織的な活動が継承されるということである。

今日、「特別支援教育」は「障害のある人も障害のない人とともに学ぶ」時代になった。

特に、発達障害児が通常の学級で学ぶ時間が多くなっている現実の中で、知恵遅れの子どもたちは、「個々の障害に対応したSpecialな教育」を十分に受けているのだろうか。

「我が子の障害に対応した教育をするための特殊学級を！」と訴えた育成会発足時の親たちは、現在の特別支援教育をどう見るだろうか？

「育成会」が、知恵遅れの子どもたちの教育や福祉施策の推進に多大な貢献をしてきた事実を振り返りながら、今後の「特別支援教育」のさらなる発展を期待して筆を置く。

【参考文献】

社団法人新潟県手をつなぐ育成会（2000）「40周年記念誌　21世紀のかけ橋」

社団法人新潟県精神薄弱者育成会（1990）「三十年の歩み」（第24回精神薄弱者育成会関東甲信越大会開催記念誌）

上越市手をつなぐ親の会（1995）「親の会発足15周年記念誌」

上越市手をつなぐ親の会（1991～　）「会報　のぞみ」N01～

三木安正（1969）「精神薄弱児教育の研究」日本文化科学社

全日本手をつなぐ育成会（2012）「復刻版　手をつなぐ親たち～精神薄弱児をまもるために～」

パール・バック（1993）「母よ嘆くなかれ」（伊藤隆二訳）法政大学出版局

山本（昇地）三郎（1968）「しいのみ学園」（福村出版）

※ 本稿については、新潟県手をつなぐ育成会理事長片桐宣嗣氏、上越手をつなぐ育成会中村功平氏並びに新潟県育成会事務局のご高閲を受けています。ここに感謝申し上げます。

（小杉敏勝・丸山昭生）

6 大森隆碩

～自らの体験を基に、雪国で盲教育を切り開く～

要旨 雪深い北陸は、昔から盲人等目の悪い者が多かったといわれている。

明治11年（1878）9月、明治天皇が北陸巡幸で越後路に入られた折、沿道の奉迎者の中に眼病者が多いことに気遣われ、その治療と予防のために御下賜金千円を賜れたと伝えられている。

明治19年(1886)、高田の眼科医大森隆碩は、自らが目を患い失明の危機に陥った。このことが契機となり、盲人教育の重要性を痛感して同士に呼び掛けたところ、同じ眼科医の杉本直形、小池玄有らの有志が集まり、「訓盲談話会」が組織された。地方で、しかも雪深い越後の地で初めて私塾的な盲人教育が創始されたのである。

翌明治21年（1888）11月3日、会名を「盲人矯風研技会」と改め、高田の光樹寺で広く盲人を募集し、鍼按、琴などの組織的な教育が始められた。

大森らは、明治22年（1889)、「盲人矯風研技会」を正式な学校にするため「私立訓矇学校設立願」を作成し、新潟県に認可を請願した。この請願書の草稿が高田盲学校に残されているが、ここに「心事未ダ必ズシモ盲セズ」の一節があり、大森らの盲人教育に寄せる神髄が語られている。

明治24年（1891）7月、新潟県知事の正式認可を得て「私立訓矇学校」が誕生することになる。その中心となった大森隆碩は、学校設立に果たした役割も大きかったが、その後の盲人教育や学校経営にも多大な貢献をし、高田盲学校百年の歴史の礎を築いた。

1 日本の盲教育の黎明

世界での組織的な盲人教育については、18世紀後半、パリで盲学校の設立がみられている。日本では、江戸末期に西欧文化が輸入される中で、それらの情報が紹介されてきた。

パリに遅れること約1世紀、日本では明治11年（1878）5月24日京都盲唖院が設立され、翌年11月大阪盲唖学校が、12月楽善会訓盲院が設立された。その後、各地に盲学校や盲唖学校の計画・設立があったが、実現困難なものや短命なものが多かった。前述の大阪盲唖学校は翌年廃止され、8ヶ月の短命であったという。

大森隆碩

新潟県の盲教育の開始には、明治天皇の北陸巡幸が大きく関わっていると伝えられている。明治11年（1878）9月、明治天皇は北陸巡幸で越後路に入られた折、沿道の奉迎者の中に眼病者が多いことに気付かれた。そして、眼病の治療と予防のためにと御下賜金1,000円を賜れた（これが世に語られている「天皇の御下賜金千円」）。当時の県知事だった永山県令は、直ちに眼科講習所の開設などの対策を講じたり、県内各所の医師を召集し眼科の治療法などを学ばせたりした。

新潟県教育委員会の「新潟県特殊教育の歩み」（1979）によれば、当時、新潟県の眼病を調査した新潟医学所は、眼病は貧しい者に多いとし、その原因を以下のように挙げている。①土地が湿潤である。②砂地で日光の反射強く、烈風砂塵が目に入る。③雪中の日光反射が強い。④家屋の煙出し不良、室内の不潔。⑤眼疾伝染性を有する。

こうした中、高田の眼科医大森隆碩は、自ら目を患って失明の危機に陥ったこともあり、盲人教育の重要性を痛感してこの教育の立ち上げに尽力することとなる。

2 大森隆碩、盲人教育への決意

(1) 大森隆碩の生い立ち

大森隆碩は、弘化3年（1846）5月22日、高田藩医、大森隆庵の長男として現在の上越市仲町に生まれた。田部英一（大森の曾孫）の「“地方”に初めてできた雪国・高田の盲学校」によれば、大森は5歳で倉石典太の漢学塾に入門し、11年間学んでいる。その後16歳で江戸に出て、土生玄杏（はぶげんきょう）に蘭法医学（眼科）を学ぶも、父隆庵の死去により18歳で帰郷し、眼科医を開業した。

彼が23歳の折、戊辰戦争の野戦病院で、その後親交を深める杉本直形らと一緒に仕事をしている。

23歳の明治3年（1870）4月、医学研究に英語の必要性を痛感して上京し、大学南校（現東京大学の前身）に入学する。在学中、米国人医師ヘボンに師事し眼科を学ぶ。ヘボンと上海に渡航し「和英語林集成」の改訂にも取り組んでいる。また、米国人医師シモンズにも学んだといわれている。

明治10年（1876）12月、30歳になった大森は、再び高田に戻り眼科医を開業した。その年、高田藩士族・竹尾清照の三女スミ（27歳）と結婚。後、一男三女を授かっている。

(2) 失明の危機から盲人のための学校創立へ

大森隆碩が盲人教育の必要性に強く心を動かしたのは、自らが眼病を患い失明の危機に陥ったからだという。この逸話は、新潟県教育委員会の新潟県中学校道徳教育郷土資料「目の不自由な人に教育の光を」に載せられているが、以下は、「“地方”に初めてできた雪国・高田の盲学校」より転載したものである。

「杉本さん、私は本当に失明を覚悟しましたよ。」

戊辰戦争の時、野戦病院で一緒の仕事をして以来、ずっと親しくつき合ってきた杉本直形に対してしみじみと医師大森隆碩は語った。

眼科医として開業してちょうど十年目に、隆碩は患者から眼病をうつされ、ほとんど失明状態に陥ってしまった。隆碩はショックだった。今まで考えてみればずいぶん多くの患者に失明宣言をしてきた。そしてそれは医者として当然の務めであると割り切って考えてきた。しかし、いざ自分が失明状態に陥ってみると、目の不自由なことがどれほど大変なことであるかを思い知らされた。また、それにもまして、もうこれ以上視力が回復しないのではないかという恐怖感のために、夜も寝られないほど悶々と苦しんだ。

「杉本さん、恥ずかしながら私は眼科医として患者の治療はしてきましたが、これまで目の不自由な人の苦しみも、悩みも本気になって考えてはこなかったように思われてなりません。」

「大森君、君がいままでやってきた仕事は、目が見えない人にとって大きな救いとなっているじゃないか。」

「いや、杉本さん。私は自分が目が見えなくなったらと考えた時に、真っ先に思ったことは本が読めなくなるということでした。私から本を奪うということは、医者として死ね、といっているようなものです。しかし、考えてみたら、目が見えない人には学問をする場所がありません。私は今まで眼科医として患者の目を治すことを一所懸命にやってきたつもりですが、目の不自由な人の生き方を支えるということではまだまだでした。」

隆碩はここまで言うと、目を閉じた。そして穏やかな話し方の中に、決意をこめて、友人の杉本に次のように語った。

「杉本さん、私は決心しました。教育です。目の不自由は人が真に独立して生きて行くためにこそ、教育が必要です。そのためには、目の不自由な人の学校をつくらねばなりません。私は自分で目を患ってみて、初めてこのことに気づきました。」

「大森君、よくぞそこまで考えた。」

杉本直形は、感動して隆碩の手をとった。

「確かに私たちは、目を患っている人たちの眼病を治すという、医者としては当然のことばかりやってきた。しかし今度は違う。目の不自由な人のための学校をつくるということは大変な大事業だ。しかし、これこそが目の不自由な人に光を与えることになる。お互いに力を合わせて、夢の実現にがんばろうじゃないか。」

～以下省略～

3 盲人矯風研技会の創立

高田相生町（現別院通り）の眼科医大森隆碩は、明治19年（1886）40歳で目を患い失明の危機に陥った。このことが契機となり、盲人教育の重要性を痛感して同士に呼び掛けたところ、同じ眼科医の杉本直形、小池玄有ら29人の同士が集まり、明治20年（1887）1月30日光樹寺で「訓盲談話会」の発会式がもたれた。会員の半数が視覚障害者であり、私塾的な盲人教育が創始されたようだが、主として盲学校をつくるための組織として機能したようだ。しかし、地方で、しかも雪深い高田にあって、初めて特別支援教育の始まりを告げた意義は大きい。

翌、明治21年（1888）11月3日、山本貞治、丸山勤靜らの提唱で、訓盲談話会を改組拡充し、会名を「盲人矯風研技会」と改めた（創立九十周年記念誌）。そして、盲人を広く募集し、高田寺町の光樹寺の庫裡を借りて、鍼按、琴などの組織的な盲人教育を始めた。集まった生徒は10名足らずであったが、高田盲学校の前身がスタートしたことになる。「新潟県特殊教育の歩み」によれば、「盲人矯風研技会設立趣意書」には、その設立の趣意が次のように述べられていたという。

世に不幸な者は多いが、中でも盲人ほど不幸で憐むべき者はない。その状態を見れば、一科の学事を研究し、各自の知識を開発し、以て将来の生業に資するの道なく、艱難病苦の中に生涯を送るに至る者が多い。

維新以降文化が開けたにもかかわらず、盲人の生業たる鍼按技芸には少しも進歩がない。そこで、盲人矯風研技会を設置して研究を進め、各自の生業を立て、併せて社会の進歩に遅れぬようにしたい。

4　私立訓矇学校の設立願

(1) 正式な盲学校設立への努力

「新潟県特殊教育の歩み」によれば、大森隆碩らは、私塾的な「盲人矯風研技会」を何とか学校に格上げしたいと考え、努力を積み重ねた。

明治22年（1889）10月、「盲人矯風研技会」を「盲人矯風研技附属訓矇学校」と改名し、普通科、技芸科（按摩、鍼治）の2課程をおき、就業年限を4年とした。

大森らは、これを学校として正式に運営するためには、新潟県知事の認可が必要と、県に盲学校設立願書を出した。しかし、学校組織の不完全、施設設備・教材教具の不備、運営費の不足などの指摘を受け、何回も却下された。大森はくじけず、今度こそ県の認可を得ようと考え、自ら上京して「東京盲唖学校」を視察し、学校組織や運営等、県の却下理由をクリアーすべく指導を受けた。

そして、４度目の盲学校設立願所を県に提出することになる。その時の「私立訓矇学校設立願」の草稿が高田盲学校に残っているが、この中の一節に、大森が盲人教育を行う上での含蓄深い精神が語られている。

(2) 心事未ダ必ズシモ盲セズ

「……嗚呼視官其ノ効ヲ奏スル能ワザルモ、心事未ダ必ズシモ盲セズ」

これは、前述の草稿の一節であるが、大森隆碩の考える盲人教育の神髄を伝えており、これを意訳すると、

「盲人を教育して、人間の道を教えてくれるところがない。盲人は教育を受けていないため、生まれつきもっている良い性質、才能を発揮できない。明治になって、文明開化して勉強すれば誰でも偉くなれるのに、一人盲人だけは昔のままで教育を受ける機会もなく、社会の進歩に遅れやっかいものになってしまう。いったい誰がこのようにしたのか。視覚は機能しなくなったけれども、心の中まで見えなくなり、なにも分からない状態になっているのではないのだ。」

更に、「盲は肉体の盲だが、矇は心の盲であり、まず心の矇を敬いて後に教育すべきと考え、校名を訓矇とした。」ということになる。

当時の多くの盲唖学校は、盲人の手に職を与える職業教育に留まっていたが、大森はそれに飽きたらず、心を養い一般教養を身に付けることの大切さをも強調していたようだ。

「盲人も教育すれば、必ず人間として生きられる」と説いた大森の考えは、後世、語り継がれていくことであろう。

(3) 日本で3番目に設立された盲学校

明治24年 (1891)、4度目の学校設立願書を県に提出した結果、7月22日ようやく「私立訓矇学校設立之件認可ス」という県知事の認可書が届いた。大森隆碩が盲学校設立に動いてから5年の歳月が経っていた。

雪深い高田の地に、全国で3番目という盲学校が誕生したことになる。この3番目という数字は、この地では通説となっているが、4番目とするのが正しいのではないかという説もある。

閉校した高田盲学校では、京都盲唖院、楽善会訓盲院に次ぎ、10年ほど遅れて私立訓矇学校（後の高田盲学校）が設立されたと語り継がれている。中野聡 (2006)「頸城文化54号」によれば、私立訓矇学校の前に横浜盲人学校（現：横浜市立盲特別支援学校）が設立されており、4番目と考えるのがよいのではとしている。実際の盲学校として機能した年か、学校として正式認可された年か、設立した学校が継続しているか否か等で評価は分かれるところであろう。

中野も指摘しているように、3番目であろうが4番目であろうが、この雪深い高田の地に盲人教育の礎が築かれた意義は大きいのである。

5 財政難の中で盲人教育に専念

(1) 盲人教育に特化した学校運営

大森隆碩が、私立訓矇学校の設立で貫いた精神として、最初に述べておかなければならない点は、盲人教育に特化した学校運営であったということである。

京都盲唖院、東京盲唖学校に代表されるように、日本での初期の盲学校は盲唖学校として誕生した。つまり、盲人と聾唖者を同じ学校で教育していたのであるが、大森は心理的に、また、人間形成上、両者は同一でないと考えた。従って、聾唖者の入学は前提とせず、生徒数が少なかったにもかかわらず盲人だけを対象とした学校をスタートさせ、その後もこの精神を貫いた。

大正から昭和初期にかけ、全国の多くの盲唖学校が盲教育と聾唖教育の分離を成し遂げているが、設立当初から盲教育に絞った大森の建学の精神の正当性はここで立証されていることになり、卓逸した先見性があったといえる。

(2) 小西信八と私立訓矇学校

大森隆碩は、盲人教育を行うに当たって、学校の設立のみを目的にしたのではなく、教育内容や指導法等にも気を配った。認可前には、自らが東京盲唖学校を視察しているし、認可後も、職員を中央に派遣して先進校の教育内容や指導法を積極的に学ばせた。

ところで、当時の中央における盲教育の事情と、先駆者である小西信八について、ここで若干触れる。

日本の盲聾教育の育ての親として有名な小西信八は、越後長岡の出身である。小西は、嘉永7年（1854）1月24日、長岡藩医小西善碩の二男として生まれた。兄は早世したが、明治元年（1868）の戊申戦争では、栃尾に逃れている。この戊辰戦争で官軍の負傷兵を手当したのが、大森隆碩や杉本直方らである。

小西は16歳で私塾に入り漢学と洋学を学んだ。その後長岡洋学校（県立長岡高等学校の前身）に、旧士族より16人の貸費生に選ばれ入学した。しかし、旧士族の没落により、家計は困難を極めていた。

小西は、明治9年（1876）9月に東京師範学校中学師範科に入学した。苦学して、明治12年（1879)）5月中学師範科を卒業し、千葉中学校教師を振り出しに、千葉女子師範学校教師長兼監事を経て、翌年には東京女子師範学校（後のお茶の水女子大の前身）に転任し、幼児教育に6年間従事した。そして明治19年（1886）1月、文部四等属訓盲唖院専任の辞令を受け、33歳の若さで日本の盲唖教育草創の業についたのである。

当時、東京盲唖学校（現：筑波大学附属視覚特別支援学校）では、盲人への情報伝達ツールとして、主に凸字による片かな、平かな及び漢字、ときには変体かなも教えていた。小西は、かねてから文字改良を志しており、かな文字論者であったこともあって、盲人教育での点字の使用を考えた。そこで、東京盲唖学校の石川倉次に日本点字の考案を勧めた。石川はこの期待に見事に応え、明治23年（1890）11月に日本訓盲点字を完成させた。

(3) 点字の導入

ここで、大森隆碩と私立訓矇学校に話題を戻す。

大森は、明治25年（1892）3月、先進校視察のため滝見直樹を東京盲唖学校に派遣する計画を立てたが、資金不足で断念している。

明治26年(1893) 1月1日、大森は私立訓矇学校の初代校長に就任するが、この年の3月、念願が叶って、全盲の丸山勤靜を東京盲唖学校に派遣することができた。

丸山は東京盲唖学校で、各教科の指導法とともに前述の点字についても学んだ。彼は点字器一式を購入して帰校するが、その後、私立訓矇学校でも凸字による指導を徐々に廃し、点字指導による教育を推進することになる。

このように、石川倉次が考案した訓盲点字は徐々に盲人の文字として普及し、私立訓矇学校を始め、その後に設立された各盲学校でも採用されることになる。私立訓矇学校は、地方での最も早い点字指導の導入であったと言われているが、大森や丸山を始め、彼らを支えた学校職員の情熱と意気が伝わってくる。

その後、明治28年（1895）6月、名誉教師松本常が二度目の東京盲唖学校を視察し、小西信八校長の指導を実際に受け、点字教科書数冊を持ち帰っている。また、明治31年（1898）1月15日、大森校長は、東京盲唖学校、横浜訓盲院を視察し、私立訓矇学校での教科書の全面点字化を決定している。

(4) 財政難による厳しい学校経営

初代校長大森隆碩の学校経営上の課題は、なんと言っても常時の資金不足であった。学校運営の資金は、篤志家等による寄付金で賄われていたため、財政状況は常に不安定で、不意の出費があればすぐに資金は逼迫したようだ。大森は、眼科医としての自らの診療収入を、ほとんど学校経営を維持するために注ぎ込んでいた。

また、家族にも多くの負担を掛けたようで、次のような逸話が残っている。

大森の妻スミも、自分の着たいもの食べたいものを我慢して盲学校の面倒をよくみた。学校の炭が無くなったという使いがくると、大森に「おいスミ、一枚脱げ」と言われては、自分の着物を一枚質に入れ、学校にお金を届けさせたという。

(5) 100 年間続いた盲人教育の歴史

大森隆碩が設立者であり初代校長であった私立訓矇学校は、経営難の中でもその灯を絶やすことなく 100 年間の歴史を刻み続ける。学校名を変更したり、義務制が施行されたり、公立に移管したりと、その歩みは多難であったが、地方で、しかも雪深い高田の地に盲人教育が全国に先駆けて実施され、継承されてきた意義は大きい。

大森校長の後は、盟友だった杉本直形が明治 33 年（1900）7 月 23 日に 2 代校長に就任した。大森は、明治 36 年（1903）10 月 5 日、療養先の東京で没した。享年 57 歳であった。

明治 40 年（1907）4 月 25 日、校名を「高田訓矇学校」に改め、明治 42 年（1909）9 月 1 日、上寺町（現寺町 2 丁目）に校舎を新築したが、そこでは普通科、技芸科（音楽、按摩、鍼治）を設置し、修業年限を 5 年とした記録がある。

そして、大正 4 年（1915）2 月 25 日、校名を「私立高田盲学校」と改め、時を経て昭和 24 年（1949）3 月 31 日付で新潟県移管となり、校名を新潟県立高田盲学校と改称する。この時の校長は小島彦造であり、高田盲学校の中興の祖といわれている。

その後、小島を始めとする多くの人々に支えられて学校は継承されたが、児童生徒数の減少で、平成18年（2006）3月31日、ついに118年の歴史に幕を閉じることとなった。

高田盲学校は閉校になったが、盲人教育の創設期に活躍した大森隆碩らの活躍やその神髄を、しっかりと記録に留め、継承していかなければならない。

6 大森隆碩が雪国・高田で盲人教育に果たした意義

(1) 越後における盲人教育の先駆者

越後における盲人教育の黎明期、米山検校が宝暦4年（1754）に盲人学校設立の願文を提出し、高い理想をもって学校運営を行った記録がある。しかし、2年ほどで頓挫してしまう。米山の夢は百年後の大森隆碩によって成し遂げられるが、大森は地方における盲人教育の事実上の基礎を築いたことになる。また、広く特別支援教育という視点からみても、地方における特別支援学校創立の草分けとして評価される。

(2)「心事未ダ盲セズ」に表された盲人教育の神髄

当時、盲人だけに限らず、障害を背負った人々はみな人間性をも否定されていた時代であった。このような風潮の中、大森は盲人の認識を「心事未ダ盲セズ」の言葉に代表されるように、「視覚は機能しなくなったけれど、心の中まで見えなくなり、なにもかも分からなくなったのではない」とし、盲人教育の可能性を強く説いた。この神髄は、盲人のみでなく、他の障害者にも通用するもので、含蓄深い精神として語り継がれている。

(3) 先駆的な盲人教育の指導法の取り入れ

中央では、盲聾教育の育ての親として長岡出身の小西信八が活躍していたが、大森は、小西が先駆的に推進している盲人教育の指導法を積極的に取り入れる努力を重ねた。特に凸字から点字を使用した指導法の導入は、地方で最も早い試みとして評価される。また、一般教養や盲人の伝統的生業である鍼按を始め、それ以外の職業分野の研究を重ねたことも高く評価される。

(4) 財政難の中で身を捨てての学校運営

高田盲学校の歴史を辿れば、学校運営は財政難との戦いであった。学校創設時から財政状況は不安定であり、大森は自らも、また家族も運営資金の調達に協力した。盲人教育推進のために、自ら身を捨てて学校運営に尽力した姿は、彼の盲人教育の神髄とともに語り継ぎたいものである。

＊高田盲学校100年の歩み、その略歴

明治19年（1886）11月5日　眼科医大森隆碩の提唱により「訓盲談話会」を組織し、私塾的な盲人教育を始める

明治20年（1887）11月30日「盲人矯風研技会」と改称し、鍼按・琴などの指導を組織的に行う。後年、この日が高田盲学校の創立記念日となった（創立百周年記念のしおり、1987)。

明治24年（1891）7月22日　県知事から学校設立の認可を得て「私立訓矇学校」と改称する

明治26年（1893）1月1日　初代校長に大森隆碩が就任する

明治28年（1895）5月7日　第1回卒業式を行う（卒業生2名)

明治33年（1900）4月27日　「私立高田訓矇学校」と改称する

7月23日　第2代校長に杉本直形が就任する

明治40年（1907）4月25日　「高田訓矇学校」と改称する

大正 4年（1915）2月10日　第3代校長に宮越辰太郎が就任する

2月25日　「私立高田盲学校」と改称する

大正 5年（1916）6月26日　県内の私立盲学校及び盲唖学校の県立移管運動起こる

昭和 5年（1930）4月4日　第4代校長に小島彦造が就任する

昭和23年（1948）4月1日　義務性が実施され、小学部6か年、中学部3か年となる

昭和24年（1949） 3月31日　新潟県移管となり、校名を「新潟県立高田盲学校」と改称する。小島彦造が校長事務取扱として就任する

昭和 27 年（1952） 5 月 13 日　卒業生や有志により、小島彦造の胸像が建立される

昭和 37 年（1962） 7 月 24・25 日　全国盲学校教育研究大会の会場となる

昭和 62 年（1987） 10 月 24 日　創立 100 周年記念式典を行う

平成 9 年（1997） 10 月 18 日　創立 110 周年記念式典を行う

平成 18 年（2006） 3 月 31 日　高田盲学校 118 年の歴史に幕を降ろし閉校

現在「上越市福祉交流プラザ」として利用されている旧高田盲学校校舎

【大森隆碩略歴】

弘化 3 年（1846） 5 月 22 日　高田藩医大森隆庵の長男として、現上越市仲町に生まれる

嘉永 4 年（1851） 5 歳。倉石典太（侗窩）の漢学塾文武済美堂に入門。11 年間学ぶ

文久 2 年（1962） 16 歳。江戸に出て、土生玄杏に蘭法医学（眼科）を学ぶ

元治 元年（1864） 18 歳。父隆庵の死去により帰郷し眼科医を開業

明治 2 年（1869） 9 月　23 歳。北陸道大病院医員に任ぜられる

明治 3 年（1870） 23 ～ 24 歳。1 月、会津降伏人病院医員になる。4 月、医学研究に英語の必要性を痛感、上京して大学南校に入学。在学中、横浜で米人医師（宣教師）ヘボンに師事、眼科を学ぶ

明治 4 年（1871） 24 ～ 25 歳。5 月、和英語林集成の改訂第 2 版作業のため、ヘボン博士に従い上海に渡り、翌 5 年 9 月に帰郷

明治 10 年（1876） 30 歳。12 月、高田に戻り眼科医開業。高田藩士族、竹尾清照

の３女スミと結婚
明治 11 年（1878）32 歳。1 月、武者春道高田病院長と図って、医事会を開き幹事に就任
明治 16 年（1883）37 歳。高田衛生会を設立し、幹事となる
明治 19 年（1886）40 歳。盲人教育の重要性を痛感し、訓盲談話会を組織し幹事長となる
明治 20 年（1887）41 歳。11 月 30 日、寺町 2 丁目、光樹寺で訓盲談話会発会式。この日が高田盲学校創立の日と設定されている。4 月、中頸城郡医師組合を結成、初代組合長になる
明治 21 年（1888）42 歳。会名「訓盲談話会」を「盲人矯風研技会」と改め、盲児の教育を始める。この年、キリスト教系の高田女学校の創立に参画
明治 24 年（1891）7 月 22 日　45 歳。県の認可を得て「私立訓矇学校」発足
明治 26 年（1893）46 ～ 47 歳。1 月 1 日初代校長に就任。5 月中頸城郡私立産婆養成所を開設、所長となる
明治 28 年（1895）5 月 7 日　49 歳。私立訓矇学校第 1 回卒業式。卒業生 2 名。病気の隆碩に代わり、二女ミツ（18 歳）が祝辞を述べた。ミツは後、東京盲学校の教師となる
明治 36 年（1903）10 月 5 日　57 歳。療養先の東京で没
（「“地方”に初めてできた雪国・高田の盲学校」等を参照）

〈参考文献〉

高田盲学校（1977）「高田盲学校創立九十周年記念誌」㈲渡部印刷所㈲
新潟県教育委員会（1979）「新潟県特殊教育の歩み」㈱文久堂
大谷勝巳（1992）「新潟県障害児教育沿革略史」㈱第一印刷所
田部英一（2003）「“地方”に初めてできた雪国・高田の盲学校」㈲ボロンテ
中野聡（2005）「高田盲学校創立者・大森隆碩（一）」頸城文化 53 号　上越郷土研究会　㈲深堀印刷所
中野聡（2006）「高田盲学校創立者・大森隆碩（二）」頸城文化 54 号　上越郷土研究会　㈲深堀印刷所
小西明・小杉敏勝・丸山昭生（2007）「新潟県における特別支援学校開学に尽くした人々の精神とその歩み」上越教育大学研究紀要第 26 巻　㈱第一印刷所

（丸山昭生・小西明）

7 塚本文雄

～ 人間愛と社会福祉の精神を貫いた盲教育者 ～

要旨　塚本文雄は、昭和12年（1937）3月官立東京盲学校師範部甲種普通科を卒業し、同年3月31日新潟県立新潟盲学校訓導として奉職した。その後、教務主任、教頭、校長を歴任し、昭和48年（1973）3月に退職するまでの36年間、盲教育に専念した。

塚本は、戦前・戦後の混乱期に、確固たる信念を持って盲教育に当たり、財政難の中で私財を投じた学校運営、視覚障害児童生徒の就学奨励、盲人の職業教育等に尽力した。また、視覚障害教育の必要性を地域社会や関係機関に働きかけた。

塚本は、盲教育の指導内容や方法においても尽力し、当時としては最先端の教材開発、指導法の研究等を職員に熱心に説いた。教師の養成や資質の向上を図るため、昭和23年（1948）6月文部省新潟県立新潟盲学校小学部教員臨時養成所を新潟盲学校内に併設し、初代所長を兼務した。教育研究においては、北信越盲教育研究会を組織し、会長として北信越五県盲教育研究大会を開催するなど、リーダーシップを発揮した。昭和27年（1952）産業教育振興法による理療科研究校の指定を受けると、近代的な治療器具の整備充実と、治療技術の刷新を図り、機能訓練を重視した現代的な理療師の養成に努めた。そして、盲学校の理療科治療室を開放し、県下の治療師に対して研修センター的な役割を果たし、治療技術と研修意欲の向上を図った。また、とかく内に閉じこもりがちな生徒に対して部活動（相撲・柔道・野球・バレー等）を奨励し、富山・石川・長野県との対外試合を実施して交流を図った。

塚本は、老朽化・狭隘化した校舎の改善に心血を注ぎ、昭和40年（1965）8月、当時としては全国一の鉄筋コンクリート2階建てモデル校舎を、山二ツ地区に完成させた。その後、障害の多様化・重度化が顕著となると、幼稚部や重複学級を設置し、障害の実態に応じた教育の実現や完全就学の推進を行った。

塚本は、昭和48年（1973）3月31日、新潟盲学校を退職した。奉職して以来、謹厳にして温厚誠実・実践力に富み、盲教育の振興と職員の協力体制や研究体制を確立した。また、厳正にして教育愛に徹した校長としての卓越した手腕と実直で誠実な人柄は、関係者に今なお語り継がれている。

1 新潟県の盲教育

(1) 盲唖学校設立の機運

塚本文雄

わが国の盲教育は、明治11年(1878) 5月24日、「京都盲唖院」(現京都府立盲学校) の設立が始まりである。続いて、明治13年 (1880) 2月13日、東京に設立された「楽善会訓盲院」(現筑波大学附属視覚特別支援学校) で2人の盲人に授業が開始された。

新潟県においては、京都に遅れること十数年、明治24年 (1891) 7月22日上越市に、わが国3番目の盲学校として「私立高田訓矇学校」が誕生している。また、新潟市では、明治18年 (1885) 10月に「盲人教育会」が組織されたが、残念なことに明治27年 (1894) 創設者関口寿昌の死去により閉鎖されてしまう。だが、明治30年代に入り盲唖学校設立の機運はいよいよ高まり、明治38年 (1905) 4月15日に「私立長岡盲唖学校」、明治40年 (1907) 7月17日に「私立新潟盲唖学校」、明治41年 (1906) 11月6日に「私立中越盲学校 (柏崎鍼按講習所)」、明治43年 (1910) 11月27日には「新発田訓盲院」が次々と設立された。全国でも稀な、県内5か校の盲唖学校が一時期設置されていたことは、特筆すべきことであり、当県にとって盲唖教育の発展をなしたといえる (注1)。

この背景に、明治期のわが国が、欧米諸国と比べ、眼病患者と失明者 (軍人) が大変多かったことがあげられる。中でも新潟県は、近世から明治、大正、昭和の初め頃までの一世紀の間、眼病患者が極めて多かったことである。明治末期に5か所の盲唖学校が設立されていたが、府県別では福島県の6か所に次ぐものであった。失明者が多かったことと、広大な県内で当時は交通機関が未発達であり、冬期は雪に閉ざされ地域間の交通も容易でないため、学校を分散せざるを得なかったと考えられている (注2)。

(2) 私立から県立への移管

ところで、苦難の末設立された盲唖学校であったが、何れも私立学校であったため、学校経営は篤志家からの寄附に頼らねばならず、年を経る毎に経営難が深刻となった。そこで、この解決には公的な援助を受ける県立移管による他はないと考え、県下盲唖学校協議会を組織した。協議会は大正5年(1916) 6月11日、校長連名で県立移管請願書を当時の北川県知事へ提出した。その結果、大正11年（1922）4月、盲学校・聾学校に分離することを条件に、私立新潟盲唖学校は県立新潟盲学校に、私立長岡盲唖学校は県立長岡聾学校として県立に移管され、新発田訓盲院と柏崎の中越盲唖学校は閉鎖された。また、私立高田盲学校については、将来県財政が豊かになった段階で県立に移管されることになった。

これに伴い新潟市及びその近郊の聾唖生は、一部が長岡聾学校で教育を受けられるだけで、大部分は放置された状態となった。これを見かねた、篤志家の高橋助七が立ち上がり、昭和2年（1927）5月15日県立新潟聾学校の前進となる私立新潟聾口話学校を開校した。

こうして新潟県の盲学校・聾学校は大正末期に新潟盲学校と長岡聾学校が県立移管を果たした。高田盲学校と新潟聾口話学校（後の新潟聾学校）は、戦後ようやく県立移管された。

2 塚本文雄、新潟盲学校に着任

(1) 視覚障害児のみの教育始まる

大正11年(1922) 4月、県立移管された新潟盲学校は、昭和2年(1927) 3月25日、最後の聾唖部生徒が卒業すると、在籍者は視覚障害生徒だけとなった。昭和5年(1930) 2月26日関屋金鉢山に新校舎・寄宿舎が完成し、児童生徒数が増え狭隘化した西堀校舎から移転した。

金鉢山校舎へ移転して7年後、昭和12年（1937）10月10日、創立30周年記念式典が盛大に挙行されたた。記念事業として、講堂にはステージが設けられ校歌が制定された。この年は、ヘレン・ケラーが初来日し、日本全国で講演活動が展開されたが、同年6月16日にヘレンは金鉢山校舎を訪れ講演している。

当時、新潟盲学校小学部1年生だった山崎邦夫は、著書「年譜で読むヘレン・ケラー」で次のように述べている（注3）。

> 1937年6月12日午後3時少し前、ヘレン・ケラーと秘書のポリー・トムソン、通訳の岩橋武夫他の一行は、新潟県立新潟盲学校を訪れ、歓迎会場にあてられた雨天体操場のステージに立ち、私たちに力強い励ましのメッセージを与えた。歓迎会はせいぜい20分程度だったが、私は生涯消えることのない感銘と心の高ぶりを与えられた。
>
> そのとき私が学んだことの1つは、誰がつけたかわからない物もたくさんあるが、物にはすべて名前が付いていて、勉強はまずいろいろな物の名前を覚えることから始まるということだった。さらにヘレン・ケラーに質問したり、話しを交わすには英語をマスターせねばならないことがわかった。英語を学ぼうという決心はそのときに定まった。

(2) 塚本文雄の着任

これに遡ること三か月前、昭和12年3月31日に塚本文雄が新潟盲学校に着任している。後に県立第7代新潟盲学校長となる塚本は、大正元年（1912）10月2日茨城県筑波郡谷田部町（現つくば市谷田部）に誕生した。昭和7年（1932）3月茨城県師範学校本科第一部を卒業し、同年3月31日茨城県新治郡高浜尋常高等小学校訓導として赴任するが、その翌日の4月1日付で短期現役兵として水戸歩兵第二連隊補充隊に入営した。

同年8月1日茨城県公立小学校訓導として本科正教員を命じられ、茨城県新治郡高浜尋常小学校訓導として赴任する。同年12月13日には茨城県真壁郡樺穂農業公民学校助教諭を兼任した。

昭和10年（1935）8月31日茨城県筑波郡十和尋常高等小学校訓導を命じられ、その翌日の9月1日で茨城県筑波郡十和農業青年学校助教諭を兼務した。

昭和11年（1936）4月、休職し官立東京盲学校師範部甲種普通科に入学する。昭和12年（1927）3月官立東京盲学校師範部甲種普通科を卒業し、3月20日文部省より「新潟県へ奉職すべし」との命を受け、同年3月31日新潟県立新潟盲学校訓導として赴任した。新潟盲学校が県立に移管された翌年であった。

3 戦中戦後の混乱

（1）戦時下の教育

塚本文雄が盲学校教師として赴任した昭和12年（1937）は、長く暗い戦争へ突入した時期であった。前年の昭和11年（1936）には二・二六事件があり、軍部の台頭により翌年から日中戦争が勃発した。国家総動員法が昭和13年（1938）に発令され、ついに昭和14年（1939）第二次世界大戦へと突入し、戦争の時代を迎えるのである。

後年、この頃を振り返り中島禧岡（昭和18年卒業）は、同窓会誌「舟江の六光」（注4）で次のように回想している。

> 私が金鉢山にあった母校新潟盲学校に入学したのは、忘れもしない日支事変が始まった翌年昭和13年4月でした。俄に失明した私には、盲学校はあんま、鍼灸などの職を身につけさせてくれる所だということ以外は、何も知りませんでした。入学してみると、そのことには違いはありませんでしたが、勉強に運動に、遊びに、生徒の皆さんがやっていることは、私の想像とは違い、驚かされることばかりでした。先生や生徒の温かい心に励まされ、失明の苦しみを乗り越えて、更生への道を一歩一歩歩むことができたのは、今なお私の胸に深く刻み込まれ、時に触れ折に触れ当時のことを偲ぶ時は、ただ感謝の気持ちでいっぱいになります。
>
> 在学当時、裏浜での海水浴、裏の草原での月見、また運動会、山登り

遠足など、懐かしい想い出は数え切れないほどたくさんあります。時あたかも戦時下、支那事変は大東亜戦争に拡大し、食料はじめ全ての物資が不足してまいりました。あらゆる苦難に耐え、兵隊さんの苦労をしのぶため夜行軍や雪の上を素足で駆けて頑張ったものでした。中でも今、母校の校長さんでいらっしゃる塚本先生の指揮の下、敬礼、折敷、伏せ、捧げ銃などの軍隊教練を習ったことや、弥彦神社で戦勝祈願をした後、弥彦山に登り、さらに国上山に登って五合庵で良寛さまを偲び、その近くで近所の方から酒呑童子の話をみんなで聞きました。

以下、略。

このことから、塚本は日頃の学習指導と共に軍事教練を担当していたことが分かる。水戸歩兵連隊での実地訓練が役立てられたことになる。戦争が激しさを増した昭和 17 年（1942）4 月、塚本は新潟盲学校教務主任として、学校運営にも携わることになった。国民の貧しさは国内に浸透し、恒常的に経営難であった新潟盲学校において、その影響は甚大であった。

(2) 食糧難の中での教育

戦中から戦後にかけて新潟盲学校に在籍し、後に母校教員を務め同窓会長でもあった渡辺剛は「アイ通信」（注 5）に次の文を寄せている。

私には関屋校舎での懐かしい想い出があります。私が関屋金鉢山の新潟盲学校小学 1 年に入学しましたのは昭和 18 年（1943）です。卒業しましたのは昭和 32 年 (1957) で、当時創立五十年の年でした。

十四年間の在学生活を振り返ると、思い出深い時期は、小学生として過ごした、戦中から戦後の 3 年間（昭和 18 年から 20 年）と、その後の戦後 3 年間です。

私は小学 1 年の入学と同時に寄宿舎に入り、学校生活を送りました。そのころの生徒数は、70 名前後であったと思います。当時はほとんどの生徒が寄宿舎生で、通学している生徒は僅かでした。寮母先生（保母さん）は３人おられました。自室やトイレの清掃、洗濯、ボタン付けなど、小学生低学年から自分でしました。手に負えないときは、保母さんや上級生が手助けしてくれました。

当時の社会は非常に厳しい状況でした。経済は混乱し、あらゆる生活物資は不足し、私たちこどもをも直撃してきました。自宅に帰りたい気持ちは、入学式の翌日からありました。その気持ちに追い打ちをかけたのは、食糧不足によるひもじさと燃料不足による冬場の寒さ・冷たさでした。我慢しても、我慢しきれなくなったとき、一層自宅が恋しく涙ぐんだこともありました。

授業は点字教科書がほとんど無く、先生の手作り教材で行われました。点字用紙はもちろんのこと、紙の不足には困りました。点字が使えないことに本当に困りました。先生方は、授業の傍ら私たちのために、ご自身の生活を犠牲にされてまで新鮮な野菜を求めてくださいました。リヤカーを引き遠くの村々まで出かけたり、さつまいもの植え付けをされていました。また、燃料不足を補うため、阿賀野川上流の町で薪を買い付け、下流の荷揚場から大八車で学校に運んでこられました。

以下、略。

塚本も、他の職員と共に食料や燃料の薪の運搬を担当したとある。職員が盲学校児童生徒の生活を支えるため、日々格闘していたことが記録や卒業生の声によって残されている。

4 盲・聾教育義務制施行と教育・福祉の充実

(1) 戦後の教育改革

戦況がいよいよ悪化し、疲弊の色が濃くなった昭和20年（1945）4月1日、塚本文雄は新潟盲学校教頭に就任した。就任して間もなく終戦を迎え、新しい国づくりがはじまった。連合軍の占領政策により、社会の仕組みが転換し、人々の生活は次第に変わっていったが、新潟盲学校の物資不足が解消されるまでには時間を要した。まだ戦争の混乱が収束されない昭和22年(1947)12月16日、塚本は県立第7代新潟盲学校長に就任した。35歳であった。国民が皆貧しく日々の暮らしに精一杯であったが、新しい教育制度が始まり塚本は明るい希望に満ちあふれていた。

戦後の教育改革によって昭和22年から6・3制の教育制度が制定され、小中学校では義務教育が施行された。盲・聾学校では、一年遅れて昭和23年4月から義務制と決定され、小学部1年の入学生から段階的に就学義務が課せられるようになり、昭和28年度をもって、小学部の就学義務は完了した。さらに、昭和29年4月から中学部にも逐年学年進行により就学義務が課せられ、昭和31年度をもって就学義務は完了した。

特殊教育の充実を図るため、文部省は教育制度の周知と共に施設設備の整備が急務であるとした。戦火による盲・聾学校の建物や戦時中から累積してきた老朽危険校舎の改築など、国として緊急に対策を講じる必要があった。そこで政府は昭和27年8月に義務教育費国庫負担法を公布し、さらに、昭和28年には盲・聾学校を含む公立学校施設費国庫負担法を公布した。さらに、学校建築について所要額の2分の1を国庫補助とし、残りを設置者に義務付けた。また、盲・聾学校の義務制施行にともない、通学費や寄宿舎費など多額の費用を必要とすることから、昭和29年6月に盲学校・聾学校・養護学校への就学奨励に関する法律を公布し、保護者の経費負担の軽減を図った。

(2) 塚本のリーダーシップ

教育改革のもと盲・聾学校の義務制が施行され、塚本は校長就任後、盲学校教員の養成と指導力向上のため、「盲学校小学部教員臨時養成所」の開設を願い出た。文部省では、盲聾学校義務制に伴う小学校教員の不足を補うための措置として、昭和23年度、24年度に「盲学校小学部臨時教員養成所」を全国各盲学校に附設した。新潟県教育委員会や文部省への請願が実り、昭和23年（1948）6月1日付けで、文部省新潟県立新潟盲学校小学部教員臨時養成所が開設された。臨時教員養成所は新潟盲学校に併設され、塚本は初代所長を兼任した（注6)。

教員養成と並行して教員研修に力を入れ、福井、石川、富山、松本、長野、高田、新潟の各盲学校が集まり北信越盲教育研究会が組織された。塚本は昭和24年（1949）4月北信越盲教育研究会の初代会長として就任し、同年11月9日北信越五県盲教育研究大会を新潟盲学校で開催した。

昭和32年（1957）10月10日には、学校創立五十周年を迎え、翌昭和33年（1958）盲聾教育八十周年記念式典が文部省・新潟県教育委員会で盛大に開催された。このことは、「創立五十周年　記念文集」(注7)、「PTA便り」(注8)、「盲聾教育　八十周年新潟県記念誌」(注9）に掲載されている。

以下、その一部を紹介する。

記念文集に寄せて

学校長　塚本文雄

本校創立五十周年の記念式典が、県教育委員会、関係市町村、新潟日報、市内会社、ロータリークラブ並びに篤志家各位、PTA、同窓会等々の格別なご援助により挙げられますことは、当校に光栄感激の極みでありまして、一同に代わり厚くお礼申し上げます。

記念事業としてささやかな文集を編集し、……。

～中略～

県当局並びに関係各位の皆様の長年に亘るご援助により、明治四十年創立当時の新潟市医学町の借館三三・五坪、教職員五名、生徒十九名、超えて明治四十三年西堀通三番町に移築（九六坪）の私立時代十五年を経て大正十一年県立となり、昭和五年樋口謹一校長時代、関屋金鉢山に敷地二、七五五坪、校舎延べ五四三・五坪、寄宿舎四六九坪と飛躍的に拡張し、現在敷地三、五二二・二九坪、校舎延べ七二八・三三坪、寄宿舎四七〇・五坪、教職員五三名、児童生徒数一七八名は小学部、中学部、高等部（本科・専攻科・別科）に別れ、小中の基礎教育と高等部の一般教科と専門教科（あんま・はり・きゅう・マッサージ）の教育課程をもち、八八％が親許を離れ寄宿舎に生活し、叉学区も中下越一円、小さいものは満六才の学童から三十五才の大人までの宿舎学校となっています。

盲の障害を克服、将来職業人として社会に立つため、及ばずながらともども明朗に助け合って勉学にいそしみ、現在東京教育大学雑司ヶ谷分校に二名進学しております。叉卒業生も六百余名（内死亡百三十名）それぞれ職業人として働いておりますことは喜びに堪えません。

本文集を通して私達の「愛の学園」の姿が少しでも皆様にご理解していただけますならば、この上ない幸と存じます。私達は創立五十周年を契機とし、牛の歩みですが更に教育内容の充実と施設の改善拡充に微力をつくし、斯教育の振興のため一意精進を誓うものであります。何卒皆様の限りないご指導とご鞭撻を賜りますよう心からお願い申し上げます。

終りに校運の隆昌と盲の子等並びに卒業生諸氏への身に「光明」のもたらされますことを祈ってお礼のご挨拶といたします。

（「創立五十周年　記念文集」 昭和 32 年(1957)より）

学校長　塚本文雄

お暑い折、御家庭の皆様にはお変わりなくおすごしのことと存じます。学校では、四月新入生小学部十一名、中学部十一名、高等部三十名、計五二名を迎え、希望新たな第一学期始業以来、早くも四箇月、おかげで皆んな元気ですごし、第一学期を無事終了、楽しい夏季休暇に入ろうとしています。次に学校の主なことを御連絡いたし、御家庭の御協力を願い度う存じます。

一、就学奨励費について

御家庭の御手数を煩わしましたが、目下県教委で検討中で、休暇前に段階決定をお願い、早目に交付を待っています。寄宿舎の赤字が増大し、お互いに迷惑ですがしばらくお待ちください。

尚、本年度より高等部本科別科にも給食費が支給されることになりました。今後は更に食費の支給を強く要請する心算です。

二、坂井与吉さん、川崎長蔵さんの寄附

～略（寄付金とポプラの寄附の内容）～

三、備品の充実

県教委の特別の御配慮により、学図法理振法及び、教材費等合わせて一八万二千円の整備費が予定されていますので、それぞれの充実に感謝いたし、活用を図りたいと思います。

四、修学旅行の準備

～略（小は鶴岡、中は会津若松等、各学部の旅行方面と家庭への協力依頼の内容）～

五、盲ろう教育八十周年

本邦の盲ろう教育創始より八十周年となりますので今秋中央記念と共に新潟県下四校と県教委や県教組等と共に記念式、芸能祭、その他記念事業や行事を計画いたして居ります。何れ御案内もいたしますので、是非おいで願います。

学校では小中高三部の児童生徒がともども元気に勉学し、将来よき職業人、社会人たらんと私共一同努力して居りますが、御期待に添えぬ点も多いと存じますので、何なりと御遠慮なくお気づきのことは御申出で下さい。そして御家族⟷学校⟷児童生徒ともども一歩づつ前進してゆきたいものと念願しています。

いよいよ一カ月余りの長い夏季休暇に入りますので、御家庭でも十分健康に御留意下さって有意義な家庭での生活をされるようおねがいいたします。

暑さの折、くれぐれも皆様の御健康をお祈りいたします。　　　以上

（「PTA便り」 昭和33年（1958）より）

盲学校の進路と就職

新潟盲学校長　塚本文雄

一、義務制実施前

本県の先覚者により、各地に盲人救済のための私立の学校が創められ、主に職業、技芸教育を行い、盲人調査、家庭訪問、入学勧誘等に全力を傾け、幾多の苦難を重ねて要望の盲学校が大正十三年公布となった。本県は既に学校の統合も行われ、大正十一年度県当局と先輩の努力により県移管も見て、普通教育と職業教育を施す初等部（六年）中等部鍼按科（四年）鍼按別科（二年）の課程を置いたことは誠に卓見である。然し教育内容、就学経費、施設設備に先人は苦労され、又盲児童生徒の家庭経済上の悩み、でき愛、年齢、性別、心身発育、視力、盲教育の理解認識の不足等々、進学は非常に困難で関係者一同義務教育制度の実施を要望し続けて来た。

二、義務制の実施後

新憲法の制定と教育制度の改革により昭和二十三年度、待望久しかった義務制が小学部一年より、逐年の九ヵ年完了で実現、三十一年度で小学部、中学部の六・三制が一応完了した。

然し前述の諸事情や実態把握の困難等により、完全就学に至っていないのは残念である。最大の原因は、経済上の問題であって、就学奨励費の増額による義務教育無償の念願である。

現在小学部卒業生は中学部へ進学、中学部卒業生は高等部の本科又は別科へ進学している。

・本県の高等部（理療科）は（普通教科と専門教科を履修する）

～（図省略）～

尚高等部普通科（三年）音楽科（本科三年、専攻科二年）の学校も全国に三校位ある。

盲学校の理療科、音楽科の教員養成は、東京教育大学雑司ヶ谷分校特設教員養成部（二年）があるが、何れも専攻科卒業生が受験する。これは極めて入学難で、全く狭き門であり本県から三名現在在学している程度である。

盲児の早期調査と家庭訪問（訪問教師による盲幼児の取扱について家庭への指導）等を考えるとき、盲人登録法の必要が望まれ、盲幼児教育→小中学部→高等部への進学コースに当って十分家庭と協議し、盲児生徒の個人差、能力、視力、健康、家庭経済等よく検討し、家庭、学校、社会への進路をあやまらないよう努力している。特に幼稚部の設置と、高等部本科、専攻科、別科等の義務制延長を要望してやまない。

三、就　職

昔から盲人の職業は「あんま」と言われ、ごく一部に邦楽（箏曲）もあるが、欧米諸国では、ピアノ調律、ラジオ修理、かご編、マット作り、編物、ふくろはり、又工場や、手工業等、それぞれ社会保障の下に発達しているが、我が国では大部分の盲学校が「あんま師、はり師、きゅう師」の養成の理療科課程を置いている現状は、職業教育の大きな問題である。

理療科卒業生は、それぞれあんま師、はり師、きゅう師の都道府県知事の行う試験を合格して免許証を与えられ、能力、家庭、視力等によって

(1) 独立営業……自宅又は他地で開業

(2) 療院助手……先輩業者の許で就業し、将来独立を目指して努力して居り、雇用主は極めて多いが、雇用条件その他検討を要する

(3) 病院勤務……公私立の病院マッサージ師として勤務
残視力、性別、能力等いろいろ条件がある

(4) 盲学校教員……前述の課程を経て後輩の教育に従事
これは定数や大学の入試難等狭き門である

一般の大学在学の盲大学生は、現在四五〇名在学しているが、就職は極めて困難である。

近年晴眼者の業者が急増し、各地で盲人業界が圧迫、不振の声を聞くことは、誠に盲人唯一の職業への不安と生活を暗くするもので、甚だ憂慮に堪えないことである。

四、反省と希望

盲人の職業分野が極めて限定された範囲に留まっている時、現在の私共は「教養のある、健康で明朗な盲人の育成」「障害を克服する職業人、社会人の育成」を念願し、小中学部の基礎教育と高等部教育を反省し、一般教養、身体的訓練、感覚的訓練、職業訓練を重視、特に手先の訓練、適格な作業習慣、責任感、勤労意欲、社会性等、積極的な教育が肝要と思われる。さらに

(1) 現行職業分野の確保と国保診療の加入

(2) 新職業分野の開拓

文部省、厚生省、労働省、教委、学校等に先進諸国を研究、本邦盲人職業の新分野開拓に努力

(3) あん摩師、はり師、きゅう師の会社工場へ

(疲労回復、生産能率向上のため、マッサージ師の雇用促進、特に全盲生へも機会を与える)

(4) 幼稚部設置と高等部の義務教育延長

(5) 就学奨励費の増額と完全就学

(6) 施設設備の充実と弱視児童生徒の対策

先天的又後天的に失明の悩みを克服、障害をのり越えて社会人として更生しつつある盲人への人道愛と、社会保障の確立を念願してやまない。

(「盲聾教育八十周年新潟県記念誌」昭和33年(1958)より)

塚本は盲教育の発展・福祉の増進を繰り返し訴えており、広く社会にアピールしている。また、視覚障害者への思いや盲教育への情熱がうかがえる。

5 新校舎の完成

昭和40年に竣工した県立新潟盲学校

昭和5年に新潟市金鉢山に建築された木造二階建ての新潟盲学校校舎は、次第に手狭となり、昭和28年（1953）には念願の関屋金鉢山校舎の8教室増設が竣工した。このころから児童生徒の在籍が増え、昭和31年（1956）には全校児童生徒175名となった。その後も児童生徒数は増え続け、さらに教室が足りない状態が続いたうえ、一部で老朽化が甚だしく堪えられない状況となった。

この状況を改善するため、塚本文雄は心血を注ぎ県教育委員会に近代的な校舎新築を働きかけた。塚本の血のにじむ努力により、昭和36年（1961）7月6日県議会で山二ツの地に校舎新築移転が決定された。当時は、8,000坪の校地、東洋一の校舎と全国から注目された。

以下、新校舎完成までの歩みである。

昭和37年（1962） 9月20日 第1期工事竣工（校舎第2棟・3棟）
昭和37年（1962）10月 1日 校舎引越完了 児童生徒の授業開始
昭和38年（1963） 7月 5日 第2期工事竣工（寄宿舎5棟 食堂棟）
児童生徒引越
昭和39年（1964） 3月21日 新体育館で卒業式
昭和40年（1965） 8月31日 第4期工事竣工（管理棟1棟校舎）
昭和42年（1967）10月10日 創立60周年記念式典・校舎竣工式典

こうして昭和40年（1965）8月10日、当時としては全国一の鉄筋コンクリート２階建モデル校舎が完成した。塚本は「創立六十周年記念誌」（注10）発刊の辞で、県教育委員会への懇願と念願がようやく叶った喜びの気持ちを率直に述べている。また、戦後四半世紀を経たがまだ各家庭の所得は低く、塚本は「ＰＴＡだより」（注11）をとおして保護者に修学奨励費（食事）の増額を掲載し、保護者負担の軽減を伝えている。

発刊の辞

学校長　塚本文雄

本校創立六十周年の記念式典並びに移転改築およびプール等の竣工式典が、県教育委員会、関係有志各位、ＰＴＡ、同窓会等々の格別なご援助とご協力により挙げられますことは本校にとって誠に光栄感慨の極みでありまして、一同に代り厚く御礼申し上げます。

記念事業の一としてさゝやかな記念誌を編集し、皆様におわけいたすことになりましたので、一言述べてお礼のご挨拶といたします。本記念誌は当校の旧職員、同窓会員、現職員、保護者、児童生徒および関係者等の「思い出」や作文を集録したものでありまして、本校六十年の歩みや小さい生活経験などが記されております。

〜中略（校舎の経緯を綴っているが、創立五十周年記念文集と重なる内容）〜

その後校地校舎の増加を見つゝ校運いよいよ伸びて参りました。

戦後新体制の実施によって盲教育界の宿願であった義務制が昭和二十三年四月一日より実施、本校も小学部・中学部・高等部を設置し、更に昭和二十九年六月より就学奨励法の制定など、斯教育は画期的の時代に入りました。しかし、関谷金鉢山の校地校舎はすでに三十余星霜をすごし、施設の老朽化と狭隘などを考え、私は関谷校舎の創立者である元校長樋口謹一先生の御意向を伺いました処、発展的拡充、大いに結構だ。「しっかりやりなさい」の励ましのお言葉をいただき、移転改築の意を固めました。こゝに関係先輩各位、同窓会、ＰＴＡ、教職員その他有志等々の格別なご協力を得て、県教育委員会に学校改築を懇願いたしました。

たまたま県教育委員会は斯教育の振興発展のため、山二ツの地に新時代にふさわしい盲教育の殿堂建設の長期計画をお立て下され、昭和三十六年三月二十九日の県議会で移転改築を決定して下さいました。

昭和三十七年一月より鉄筋校舎二棟の第一期工事着工、続いて逐年二期の寄宿舎、三期の体育館、四期の管理棟、その間グランド整地や外柵工事など引続いて施行、六十周年記念事業としての低学年および中高学年用合せて四百五平方米のプールの竣工を見、校地二六九五六平方米、体育館七一七平方米、寄宿舎二四二九平方米、その他設備費など合せて総額二億数千万円の多額の経費をもって、移転改築して下さいましたことは、まことに感謝に堪えません。

ここに教職員六二名、児童生徒一七〇名は（小学部・中学部・高等部（本科・別科・専攻科第一、第二部）の課程に分れ、基礎教育と専門教育（あん摩・マッサージ・指圧・はり・きゅう）の職業課程をもち、それぞれ視覚障害を克服、将来職業人として社会に立つため、明るく互いに助け合って希望新たに勉学にいそしんでおります。又卒業生八六六名（内死亡一七六名）もそれぞれ職業人として、働いていることは喜びに堪えません。本誌を通して私達の「愛の学園」の姿が少しでも皆様に御理解していただけますならば、この上ない幸と存じます。私達は創立六十周年と移転改築竣工を契機に、牛の歩みでありますが更に教育内容の充実と施設の保全と整備に微力をつくし、本校教育の振興のため一意精進を誓うものであります。何卒県市当局をはじめ皆々様の限りないご指導とご鞭撻を賜りますよう心からお願い申し上げます。

終わりに校運のいよいよ隆昌と盲の子等並びに卒業生諸氏の身に「光明」の一層もたらされますことを祈ってお礼のご挨拶といたします。

（「創立六十周年記念誌」昭和 42 年（1967）より）

学校長　塚本文雄

三月を迎えましたが大雪の折皆々様にはお変わりなくおすごしのことと存じます。

学校では検定試験・進学・卒業就職・新年度準備等々、みんな元気で年度末を全とうしようと努力しております。つぎにご連絡をいたします。

一、創立六十周年及び竣工式

去る十月十四日は創立六十周年と改築やプール竣工等々の式典が県教委・ＰＴＡ・同窓会・関係有志の絶大な御協力によって、盛大に挙行され、記念施設としてプール・同窓会記念庭園・正門等の環境整備・その他教育備品の充実など、本校にとってこの上ない喜びとして感謝申し上げております。

二、四十二年度卒業生

ご家庭の長い間のご苦労・教職員の指導・それに児童生徒の努力が実って、三月十九日は目出たく卒業、進路はつぎの予定です。

1、小六　九名（男四女五）は中学部へ
2、中三　一四名（男七女七）は本科又は別科へ
3、高三　一七名（男一三女四）は専攻科へ
4、専攻科第一部　一三名（男七女六）開業（三）病院助手（四）病院マッサージ師（二）サウナ（三）大学進学（一）
5、専攻科第二部　三名（男一女二）開業（一）サウナ（一）病院助手（一）
6、別科　一八名（男一一女七）開業（二）病院助手（一三）病院マッサージ師（一）未定（二）

三、明年度の予算内容

かねて要請していた昭和四十三年度当初予算の内示が二月十九日ありましたので主なものをお知らせいたします。

1、学級増・教職員増は労務職員一名増のみ

2、プール附帯設備費（二〇二万　浄化装置など）

3、弱視教育用エレファックス（一三三万）

4、外柵フェンス（七二万余）

5、就学奨励交付金

イ　専攻科の給食費交付

ロ　給食費単価六円アップの小（四六円）中（四八円）高（五〇円）

ハ　食費単価六円アップの一食（五八円）

ニ　間食費三円アップの（一八円）

6、その他需要費などそれぞれ増額

教室の模様替・グラウンド整備等は見送られ今後の問題です。実社会に巣立ってゆく卒業生のご家庭の皆さん、長い間本当にご苦労様でした。長年の御協力に対し厚くお礼申し上げます。

又進級のご家庭では学年末休暇を有意義にすごされ、新しい希望をもって、新学期の登校をまっております。終わりに皆さんのご健勝お祈りいたします。　　　　　（「ＰＴＡだより」昭和43年（1968）より）

このように、新潟県行政は障害児教育の振興と充実のため、毎年、県の重点施策に「特殊教育の振興と充実」を取り入れ、積極的に産業振興法や理科教育振興法の採用を行い、校舎・寄宿舎の新築・増設をはじめとし、教材教具の整備・充実をはかり障害児教育の拡充に力を注いだ。

6 盲人の福祉向上に献身

塚本文雄は教育に留まらず、福祉の分野においても心を砕き昭和25年（1950）4月、初代の新潟盲人福祉協会（現：社会福祉法人　新潟県視覚障害者福祉協会）会長に就任している。障害者の教育と福祉に指導力を発揮し大きく前進させたのである。

さらに、昭和33年（1958）4月1日、念願の点字図書館の開設にこぎ着けた。「皆に点字図書を届けたい」の強い思いから継続し要望していた点字図書館がようやく設立された。待ち望んだ「新潟県点字図書館」は新潟盲学校に併設され、塚本は初代館長を兼務した。点字図書は高価であり、視覚障害者が待ち望んだ点字図書館設置により、県内の点字図書不足は大いに解消された。点字図書は視覚障害者の文化であり、知識・教養を身に付けるだけでなく、心を豊かにするツールであることを塚本はよく理解していたのである。

昭和47年（1972）4月、新潟県内初の月刊誌「点字新潟」初代編集委員となり、県内視覚障害者に対する文化交流の一助とするため力を尽くした。昭和48年（1973）3月31日、36年間の新潟盲学校勤務に終止符を打ち、新潟県立新潟盲学校長を退職した。翌月の、昭和48年4月には、「光の会」設立の一員となり、視覚障害者の難病である「ベーチェット病」の対策に奔走し、患者の良き相談相手として努めた。同時に、退職後盲老人ホーム建設に奔走し、昭和52年（1977）4月1日、社団法人養護盲老人ホーム「胎内やすらぎの家」が完成した（注12)。塚本は初代施設長に就任し、昭和53年（1978）3月28日、脳出血により死去するまで生涯視覚障害者のために尽くした一生であった。

七十周年を祝う

前学校長　塚本文雄

本校が昭和五十二年度に七十周年を迎え、数々の記念行事や事業が盛大に行われますことはまことに目出度く慶賀に堪えません。心からお祝い申し上げます。

思えば明治四十年十月十日、大先輩の方々の御尽力によって、私立新潟盲唖学校として、新潟市医学町の民家三三・五坪を借館、教職員五名、生徒十九名をもって創設。四十三年に西堀通り三番町に新築（九六坪）の私立時代十五年を経て、大正十一年県立となり、昭和五年故樋口謹一校長時代に関屋金鉢山に敷地二七五五坪校舎五四三・五坪寄宿舎四六九坪の全国に誇る盲学校となりました。

戦後新学制の実施によって、盲教育界の悲願であった、義務制が昭和二十三年四月一日より逐年実施、小中高等部の設置など、私立時代や戦前の就学経費の苦難も、昭和二十九年四月の盲聾教育界待望の就学奨励法の施行によって、斯教育は飛躍充実の時代を迎えました。

全国に誇った金鉢山時代も校舎の狭隘と老朽化のため、私は県にお願いして、山二ツの地に移転計画を進めました。当初三三〇〇〇㎡の計画が残念乍ら二六九五六㎡で涙をのみ、昭和三十七年度より四年度に亘って、当時県内特殊学校として初めて、全国盲学校でも数少ない鉄筋校舎三六二九㎡鉄筋寄宿舎平屋分棟二四二九㎡体育館兼講堂七一七㎡総経費約二億五千万円、当時金鉢山時代と共に全国的に高く評価されました。

私立時代の十五年間は創設苦難の時代、県立移管後の関屋金鉢山時代の四十年間は飛躍充実発展の時代、昭和三十七年よりの山二ツ時代は新教育制度充実の時代と申しましょうか、新盲七十の歴史を省み、全国の弁論大会、相撲・陸上競技大会、又ブロックの野球・バレー・柔道大会等に全国並びにブロック制覇の栄誉を重ねて、今日幼小中高等部、それに普通科・保健科・理療科の職業課程、さらに重複学級等に教育内容の充実と環境の整備を見るとき、まことに嬉しき限りであります。創立以来九〇五名の卒業生が七十年にわたって県内外に、視覚障害をよく克服し、三療に盲教育界も奨学図書館、病院医療に活躍発展を見るとき、本校が七十周年を契機として、更に新盲の大飛躍を祈ってやみません。

私は、今、北蒲原郡黒川村で社会福祉法人愛光会の設置経営する新潟県唯一の養護盲老人ホーム胎内やすらぎの家の施設長を命ぜられ、盲老人と生活を共にの全力投球中です。本県の視覚障害者教育の充実発展とさらに盲老人の福祉向上を見るとき喜びに堪えません。

終わりに校運の隆昌と新盲在校生並びに卒業生の皆さんの身の一層の「光明」のおとずれますことを祈ってお祝いの言葉といたします。

（「創立七十周年記念誌」昭和52年(1977)より）

※　塚本が新潟盲学校に寄せた最後の文と思われる（小西）。

7　人道愛に徹した盲教育への情熱

塚本文雄は、昭和 12 年 3 月 31 日新潟県立新潟盲学校訓導として奉職し、昭和 48 年 3 月 31 日に退職するまでの 36 年間、盲教育に情熱を傾けた。また、退職後は盲人の福祉の向上に尽力した。彼は、生涯を、人道愛に徹して盲教育の発展や盲老人の福祉に貢献したが、その主な功績を以下にまとめる。

○戦中・戦後の混沌とした時代に私財を投じて寄宿舎生の食料ならびに燃料などを補填し学校運営と盲学校児童生徒の学習を助けるとともに、盲学校教育の義務制施行実施に尽力した。

○未就学・就学猶予として教育を受ける機会に恵まれぬ盲人に、就学奨励の制度を説き就学を勧めると共に、職業教育を施し自立させることを念願した。

○昭和 23 年（1948）6 月 1 日文部省新潟県立新潟盲学校小学部教員臨時養成所を設置し初代所長を兼任、盲学校教師の不足解消や指導力向上に努めた。

○昭和 24 年（1949）11 月 9 日北信越盲教育研究会を組織し、会長として北信越五県盲教育研究大会を開催、直観教育・触空間概念の把握を力説し、養護訓練推進の基盤を確立した。

○昭和 25 年（1950）4 月以来十年初代新潟盲人福祉協議会長として会員の福利厚生を図り、視覚障害者相互の共励と親睦、研修に敏腕を発揮した。

○昭和 27 年（1952）～ 28 年（1953）産業教育振興法による理療科研究指定校に選定され、その職責上近代的な治療器具の整備充実に努め、治療技術の刷新を図り、盲学校生徒の卒後研修として理療師研修の場とした。

○昭和 33 年（1958）4 月新潟県立点字図書館の設立に努力し、初代館長を兼務した。

○昭和 40 年（1965）10 月 10 日老朽校舎の全面改築に奔走し、全国一の鉄筋モデル校舎が竣工した。

○昭和 41 年（1966）6 月 10 日、北陸地区盲学校長会会長在任中に、全国盲学校長研究協議会ならびに総会を開催した。

○昭和 47 年（1972）4 月に月刊誌「点字新潟」初代編集委員となり新潟県内視覚障害者に対する文化交流の一助とするため尽力した。

○昭和 48 年（1973）4 月に「光の会」設立の一員となり視覚障害者の難病「ベーチェット病」の対策に奔走し、難病患者の良き相談相手として救済に力を尽くした。

このように塚本は、戦中・戦後の厳しい社会状況の中、視覚障害者の教育・福祉に尽力し、特殊教育推進のため生涯を捧げた。人道愛と社会福祉を貫き、厳正にして的確なる教育行政手腕を発揮し重責を遺憾なく果たした塚本は、教え子や関係者に今なお追懐されている。

【塚本文雄略歴】

大正元年（1912）	10 月　2 日	茨城県筑波郡谷田部町（現つくば市谷田部）に誕生
昭和 7 年（1932）	3 月	茨城県師範学校本科第一部を卒業
	3 月 31 日	茨城県新治郡高浜尋常高等小学校訓導そして赴任
	4 月　1 日	短期現役兵として水戸歩兵第二連隊補充隊に入営
	8 月　1 日	茨城県公立小学校訓導として本科正教員勤務を命じられ茨城県新治郡高浜尋常小学校訓導として赴任する。
	12 月 13 日	茨城県真壁郡樺穂農業公民学校助教諭を兼務する。
昭和 10 年(1935)	8 月 31 日	茨城県筑波郡十和尋常高等小学校訓導を命じられ、9 月 1 日付で茨城県筑波郡十和農業青年学校助教諭を兼務する。
昭和 11 年(1936)	4 月	官立東京盲学校師範部甲種普通科に入学
昭和 12 年(1937)	3 月	官立東京盲学校師範部甲種普通科を卒業 新潟県立新潟盲学校訓導として奉職
昭和 17 年(1942)	4 月	同校教務主任
昭和 20 年(1945)	4 月　1 日	同校教頭就任
昭和 21 年(1946)	3 月 13 日	高等官七等　内閣
	11 月 28 日	叙従七位　宮内省
昭和 22 年(1947)	12 月 16 日	新潟県立新潟盲学校長就任
昭和 23 年(1948)	6 月　1 日	文部省新潟県立新潟盲学校小学部教員臨時養成所を新潟盲学校内に併設し、初代所長を兼務する。
昭和 24 年(1949)		北信越盲教育研究会を組織し、会長として同年 11

		月9日北信越五県盲教育研究大会を開催する。
昭和25年(1950)	4月	初代新潟盲人福祉協会長就任
昭和33年(1958)	4月 1日	新潟盲学校併設新潟県立点字図書館が設立。初代館長を兼務する。
昭和40年(1965)	10月10日	10月10日　全国一の鉄筋モデル校舎が移転竣工
昭和47年(1972)	11月 5日	11月5日　学制発布百周年記念式典にて、文部大臣より教育功労賞を授与される。
昭和48年(1973)	3月31日	新潟県立新潟盲学校長退職
昭和52年(1977)	4月 1日	社団法人養護盲老人ホーム「胎内やすらぎの家」初代施設長就任
昭和53年(1978)	3月28日	死去
	4月21日	従四位勲四等旭日小綬章

〈参考文献〉

(注1) 大谷勝巳（1992）「新潟県障害児教育沿革略史」P18～19　第一印刷㈱
(注2) 吉野吉曹（2008）「新潟県の眼疾患者失明者救済史(2)」P9　北信越社会福祉史研究　第7号
(注3) 山崎邦夫（2011）「年譜で読むヘレン・ケラー」P240　明石書店
(注4) 新潟県立新潟盲学校同窓会（1971）「舟江の六光　第100号」
(注5) 小西明（2007）「学校創立百年のあゆみ　～その1～　アイ通信　№11」
(注6) 筑波大学理療科教員養成施設（2013）「創立110年誌」三協社　P51
(注7) 県立新潟盲学校長　塚本文雄（1957）「創立五十周年　記念文集」新潟活版所
(注8) 新潟県立新潟盲学校ＰＴＡ（1958）「7月ＰＴＡ便り」早川商店
(注9) 新潟県教育委員会（1958）「盲聾教育八十周年新潟県記念誌」早川商店
(注10) 新潟県立新潟盲学校（1967）「創立六十周年・校舎竣工記念誌」共立印刷㈱
(注11) 新潟県立新潟盲学校ＰＴＡ（1968）「3月ＰＴＡだより」
(注12) 新潟県立新潟盲学校（1977）「創立七十周年記念誌」記念実行委員会　アダチプリント

（小西　明）

8 金子徳十郎

～長岡聾学校生誕と盲唖者の教育への道～

要旨　明治38年（1905）4月15日。高取易太郎が主任教師で授業が開始された長岡聾学校の前身「私立長岡盲唖学校」が開校した日である。

我が身に聴覚障害のある子供をもった父親、金子徳十郎が「唖人となったわが子」の教育と将来を考え、多くの人たちと手を携えて、彼らのための学校設立に精魂傾けて行動した結果である。

当時、視覚障害者に対する教育は、教育体系、教育施設が機能し、存在していたと言われる。明治時代以前から平家琵琶をはじめとする三味線、琴などの音曲関係、鍼治、按摩などの職業もあったと言われることでも明白である。翻って、聴覚障害者に対する教育は極めて困難で、不可能であるとさえ言われていた現実があった。

そんな状況の中で、慶応2年（1866）福沢諭吉が「西洋事情」の中で、フランス・パリの聾学校を紹介しながら「聴覚障害者に対する教育が不可能である」という偏見に対する悲しみや怒りとも思える心情を表現した。

「唖院は教うる学校なり。唖人数百人を集めて、語学、算術、天文、地理学を教授する等、尋常の学校に異るなし。其の法初めて院に入る者には、指を以て「ヱ・ビ・シ」26文字の記号を為すを教う。次いで、他人の言う時、其の唇、舌、歯、喉の運動を見、或はこれに触れ、その運動の様を見て其の語を解し、共に談話することを得……」と。

「唖人」となった長男の現実を見詰め将来を考えた金子は、東京盲唖学校で学ぶ生徒の存在を知り、息子を託す決意をする。長男をつれて上京した金子は、そこで東京盲唖学校長小西信八と運命的な出逢いをする。

小西信八は、長岡出身で日本の聴覚障害児教育を始めたその人であった。長岡近辺をはじめ新潟県に聾唖の人が多くいる現実を把握していた小西は、「長岡近辺の聾唖者のための教育が地元で必要であり、そのための学校設置をあなたにお願いしたい。」と強く要請する。

金子は「一介の商人にして……到底器に非ざる……」と固辞したが、小西の「西洋の盲唖学校の沿革等を調べてみると、その設立の動機は、盲唖者をその子弟に有する人々が痛切に教育の必要を感じて献身的に努力するのに原因するのが多い」との言葉で一念発起する。

帰郷した金子は、盲唖学校設立に向けて迅速に動き出したのであった。

1 聾唖となった長男

金子徳十郎

『長岡聾学校百年史』の資料編に「私立長岡盲唖學校」と題して、設立者金子徳十郎の談話が掲載されている。

「……長岡盲唖学校の設立には、不肖私に関係があるので、従て設立者として多少微力を致した次第である。実は、私には不幸にして長男進太郎（明治24年＝1891＝生れ）と云う唖人を持って居た。生ると間も無く非常に激烈な耳疾に罹ったのが原因らしく、嬰児時代には呆然して居たが其の後唖人になったということが判った。」

親、家族の誰もが障害のある子どもを授かるとは考えていないであろう。しかし現実を目の前にした時、その事実をどう受け止めるか、どう対応していくのかによって、親自身と子どもの生き方が違ってくることは歴史が証明している。別掲の「知的障害児の孫」に関わった徳山ミサヲと同じように、金子徳十郎も「わが子の将来」を考え、そのために自身が為すべきこと、自身が出来る可能なことに対して真剣に立ち向かったのである。

2 わが子の将来を案じて

唖人と判っても、成長につれて様子を見ていると、聞くことと話すことに困難さはあっても、他に障害もないから、就学時には地域の小学校に普通に入学させることとなった。

しばらくようすを見ていると、習字や図画など、目と手の働きによって学習できる教科は可能であり、図画などは地域の展覧会に出品することもあるほどの能力があったといわれる。

しかし、作文とか算術（注:当時の教科）は、「唖」という障害が起因して、理解が困難で不得手であったといわれるがそのまま13歳まで小学校で学び続けた。

父親である金子徳十郎は、ここでわが子の将来について真剣に悩むことになる。

「前途をどうしたらよいか？」「如何なる職業を授けたらよいか？」「私も大いに苦心した」と、自らが記して居るように悩み続けたのだ。

家族、きょうだい、親戚、友人など多くの人たちと、わが子の将来について苦心を重ねた。

話題に上った職業は経師屋（注：表具師のこと）、理髪師、塗物屋、仕立屋などの数々である。研究・協議を重ねた結果「手先で出来る仕事であって、最も実用的のものである」ことから「仕立屋がよいであろう」という結論になった。

障害のある子どものための進路を、家族中心に、親戚・友人が一緒になって考えるということが普通に行われていたことがとても貴重で、集った人たちの心が伝わってくるようである。

3「東京盲唖学校」の存在を知る

子どもを仕立屋への道へ進ませることにした金子徳十郎に、思わぬ情報が舞い込んでくることになった。

「長男を一人前の仕立屋にすることにした」と話した相手、友人（大川氏）が「東京盲唖学校がある」と教えてくれたのである。

「仕立屋にするのも悪くないだろうが、しかし、兎に角東京盲唖学校という立派な学校もあるのだからそこへ入学させたらいいのでは」と奨められた。

金子は、かつて東京盲唖学校を参観したこともあったが、自身も家族も息子の東京への進学は微塵も考えて居らず固辞したが、友人大川氏は、更に「知人（多田氏）の子息が、東京盲唖学校に在籍していて、現在暑中休暇で帰省している。多田氏をよく知っているので話してみたらどうか」と熱心に奨めたのである。友人の熱意に金子も「情報を得る」ことをお願いすることとなった。

その結果、幸いなことに多田氏の家族の計らいで「学校のようすを話して聞かせるから、一度子どもを連れてきて見たら」と声を掛けてもらうこととなった。

早速金子は長男を連れて多田氏宅を訪問する。そこで東京盲唖学校での授業の一端を示してもらう時間を過ごした金子の長男は、その時間を愉快に感ずるようになり、帰宅後自分から「煙管」「茶碗」その他の器具を持ってきては、しかも愉快そうにその品名を文字で表すようになった。

このようすから、本人が愉快であるばかりでなく家族みんなが「教育の成果」に驚き、「仕立職人」にさせるはずであったわが子を東京盲唖学校へ入学させる決心をしたのである。

「東京盲唖学校の存在を知っていた人が身近にいたこと」と、併せて「そこで学んでいる人が近くにいたこと」そして「情報を提供し、橋渡しをしてくれた人」が居たことは、まさに天の助けと言っても過言ではないであろう。

4 東京盲唖学校長　小西信八との出会い

明治 37 年（1904） 4 月、金子徳十郎は長男を連れて東京盲唖学校を訪問する。

そこで、校長小西信八は長男の入学を受け入れる約束をした後、息子の入学とは別に「長岡に盲唖学校設立を頼む」という大きな課題を金子に課したのである。

小西は、新潟県古志郡高山村（現長岡市高島町）の出身で、16 歳の時私塾で漢学と洋学を学び、明治 5 年（1872）設立された長岡洋学校（現長岡高等学校）の第 1 回生として入学した逸材であった。

明治 9 年（1876）当時最高学府だった東京師範学校（後の東京高等師範学校）に入学。明治 12 年（1879）中学師範学科を卒業して中学校教師を経た後、明治 19 年（1886）春 33 歳の時、「文部 4 等属訓盲唖院掛専任」の辞令を受け、日本初の盲唖教育に携わった人である。

小西は、金子に対して「自分の子供一人の教育も大事だが、大勢の盲唖者の教育のために力を尽くしてほしい」と話を切り出し、地元長岡での盲唖教育の必要性を熱く説き、自分も協力するからと学校設立を強く勧めた。

金子は「……自分は一介の商人で、資力も徳望もなく到底その器ではない」と固辞した。

だが、小西信八は、欧米の実例なども種々挙げて金子を説得する。

「盲唖教育は決して学識や資力に豊富な人が創めたことは無く、大抵其の初めは盲唖者の父兄が、教会や学校の一部を借り受け、細々と設立せし者が、漸次拡張されてきて盛大になった者のみであって、最初より官立や公立の者は無いと云って宜しい……」

「西洋の盲唖学校の沿革等を調べてみると、その設立の動機は、盲唖者をその子弟に有する人々が痛切に教育の必要を感じて献身的に努力するのに原因するのが多い」

「東京盲唖学校には、東京、埼玉に次いで3番目に新潟県の生徒が多く、現在15人もいる。新潟県から東京まで来させて教育を受けさせるくらいだから県内では盲唖教育が必要だという思想が普及しているに違いない。だから盲唖学校設立の主唱者になってほしい」と強く要望されることとなった。

金子は、小西の「これまで新潟県の知人友人の何人かに、盲唖学校の必要性を説くと、その理念を理解しみな賛同するが、学校を立ち上げる人がいない……主唱者に適任者がないということだ。」という言葉に心を打たれる。

その時の心境を、金子は次のように語っている。「実に自然に涙が零れるようである」と。

そして遂に「先生の情理兼ね尽くしての勧誘に、私も大いに感動して、遂に創立に着手する決心をする」のである。明治37年、今から100年以上も前のことであった。

5　長岡聾唖学校設立の決意と迅速な活動

(1)　小西信八の構想

小西信八の熱意に感動して盲唖学校設立を考えた金子徳十郎であったが、学校設立の構想と具体的な手段には思い至らなかった。

小西にそのことを問うと、小西は、教室、教具などの校舎・器具について、必要な教員の給与などについて概要を示した。

更に「日露戦争が終了する兆しの中で、終戦後国は各府県に盲唖学校を設立する方針でいる。そうすれば、国からいくらかの補助金も出るであろう」と、近い将来を見通し「校舎は小学校の一教室、教具は既存の学校の不要品を借用すること、教員の給与は年額200円。これで、盲人12人、唖人12人を教育することができる」と構想を具体的に語った。生徒の人数は、盲唖者の出現率と長岡の人口からの推測であった。また金子は、小西から「最初の一年の経費は総てで300円もあればよい。自分が半分を出すから君も150円ほど負担してほしい」と言われていた。

金子は、可能な自己負担の資金を考えながら、町長や有志に相談するに際して「教育の成果」を示す、東京盲唖学校生徒の作品＝習字、図画、綴り（作文）、裁縫、盲人の点字＝を借用して帰郷した。

(2) 帰郷してからの動き

① 長岡町長への相談

帰郷した金子は早速、時の長岡町長秋庭半氏を訪ね、息子を東京盲唖学校へ入学させることになったこと、関連して小西から長岡に盲唖学校設立を懇願されたこと、町長・有志の尽力が必要でお願いしたいことを訴えた。

秋庭町長は「盲唖教育の必要性に誰も異存はない」「校舎の一部を借用することも可能だ」と理解を示したが、小西の言う「教員の給与は年額200円で足りる」とした経費の工面を特に心配した。同時に、小西が推測した盲唖者の人数に対しても「折角準備が整っても、生徒がいなければ開校はできない」と懸念して、必要経費の工面、就学する可能性のある生徒数の確認が必要であることを強調した。最高責任者・町長として確かな指摘であったと言えよう。

② 盲唖者の実態調査

町長の指摘を受けてもっともだと思った金子は、早速町内に在住する盲唖者の調査に取り掛かることとした。しかし、盲唖者に関する資料の入手はなかなか困難であった。

役場の戸籍係に確かめても記録はない、警察に相談して戸口調査に期待したが職務上確かめることは難しいという状況であった。思案の結果金子は町内の小学校長に依頼して、在籍する盲唖者を報告してもらうこととした。しかし、ここでは「校長からの依頼」のために競って報告があり、結果として重複したり錯誤があったりして実数を把握することが難しかった。

結局、知人等の協力を得て各戸を訪問して精査するに至ったのである。

その結果、長岡近郊に盲唖者49人、唖者35人を数えた（創立30周年記念誌）。そのうち8歳以上17歳以下で、唖者14人、盲者25人という人数を確かめることができた。

そして、盲唖学校が設立されたら入学を希望するかどうか確かめたところ、唖者6人、盲者3人が希望したにとどまった。他は貧困やその他の事情によって入学を希望しないという事態になった。

後に、金子はその時の状況について、次のように述懐している。「盲唖者ノ調査ハ大分面倒デアッタ。ソレハ人情ハ妙ナモノデ、ソノ父兄ガ隠蔽スル傾向ガアル」（『長岡聾学校百年史』第1章　私立長岡盲唖学校の時代　第1節　私立長岡盲唖学校の創立　1当時の社会状況と教育制度の冒頭に記載）

百年史は、この言葉について「表現は柔らかいが、当時障害者がおかれた社会的状況と関係者の苦しみが述べられており、極めて重い意味を持っている」と記している。

6 盲唖教育の理解啓発と学校創立

(1) 理解啓発のための講演会

新設する盲唖学校に入学を希望する児童生徒が、唖者6人、盲者3人の僅か9人しかいないことで、学校の将来に危惧を抱いた金子徳十郎は、小西信八に相談する。

相談を受けた小西は、暑中休暇を利用して長岡出身の東京盲唖学校在校生多田真佐雄、横浜訓盲院出身の勝俣傳一郎氏を同伴して長岡に帰省し、講演会を開催するなど、理解啓発に協力したのである。

先の調査で判明した盲唖者の保護者を召集したり、長岡町内の女子師範学校や新潟県女子教育会総会に出向いたりして、盲唖教育の必要性を説くと共に、東京盲唖学校で盲唖者が受けた教育の実績を示して教育の効果を説いた。そして、新潟県女子教育会総会の席上、女子教育会会長によって金子が構想する「盲唖学校創立資金募集」の計画が公表されたのである。金子が小西を訪れて、わが子の教育について相談してから、僅か4カ月後のことであった。

講演を聞いた人たちや会合に出席していた人たちの中に、早速理解を示して、率先して「援助を！」と呼びかけてくれる人もあらわれた。

(2) 学校創立

長岡町立表町小学校の一教室を借りてスタートすることとした長岡盲唖学校は、金子を中心に「設置要項」を定める。設置要項は次のとおりである。

1　校舎は当分の間長岡町立小學校の一部を借受けて追て時機を見て建築すること

2　当分収容すべき生徒数を左の如く予定すること

　盲人1学級30人以内、唖人1学級15人以内。

3　生徒入学年齢修業年限等は左の如く定むること

　「入学年齢」は、満8年以上・修業年限は6カ年（普通科3カ年、技藝科3カ年)。

4　教科別授業時間は、

　普通科盲人部　修身、国語、算術、体操、唱歌

　　　　唖人部　修身、国語、算術、体操、裁縫

　技藝科盲人部一　鍼按科　普通科補習

　　　　盲人部二　音楽科　普通科補習

　　　　唖人部一　裁縫科　普通科補習

　　　　唖人部二　手工科　普通科補習

　一日の授業時間は、5時間

5　教員は、左の如く定むること

盲唖学校訓導1人　学校教員差(もしく)は盲唖者嘱托4人　計5人

6　授業料は、普通科は徴収せず。　技藝科は1か月　20銭

7　創立費は、左の概算に依ること

東京からの教員赴任旅費、器具、雑費で100円

8　経常経費第1年分は、教員給与、雑給（小使＝注：用務員＝手当）、備品費、消耗費、予備費等で400円

9　経費収入の途は左の方針に依ること

＊寄附募集額　　5,000円

＊学校基本金　　3,000円

＊5カ年間維持費　2,000円(1カ年400円　5年分)

10　会計の出納は長岡町役場に依托すること

11　開校時機は明治38年度よりとす

（『長岡聾学校百年史』　金子徳十郎談から）

(3) 資金募集

学校設立と運営には資金が必要である。設立に係る経費と学校運営一年分の経常経費の準備も大きな課題であった。

前述した必要経費（学校基本金、5カ年維持費）のために、金子らは寄付金5,000円を募ることを目標とした。そして地域の知人、友人を、そして銀行人を尋ねて東奔西走、盲唖学校の必要性と協力依頼を説いてまわったのである。

7 学校の設立と盲唖教育の充実を目指して

『長岡聾学校80周年記念誌』によると、当時（明治38年）、盲唖児の教育は京都で発祥してから30年近く経過していたが、公立の教育機関は京都だけであった。殊に聾教育の施設は貧弱でありまた盲教育に付随した形であったという。

(1) 新潟県への「設立出願」

前述したとおり、金子徳十郎は小西信八の応援を得て地域をまわって理解啓発に努めるとともに、小学校長、町会議員等有力者を訪問して、学校設立の必要性を説き協力を要請した。結果、学校創立資金募集の目標額＝当面5カ年の学校を維持するに足る金額＝の募金を達成し、金子らの願いの第一歩が実現したのである。

後に金子は、長岡聾学校30周年記念誌に寄せた「想ヒ出ノ記」で、創立当時のことを回想して社会一般の力があったことを次のように述懐している。

「…… 堂々たる縣立学校と成ったということは、創立当初に於て夢想だもせざる所で、実に予想外の大成功に、唯々驚嘆の外ありません。是れ畢竟私等個人の力や徳では無く、社会一般の力と申して宜しいか文化普及の趨勢が然らしめしところか実際私は驚嘆に堪えぬのである。……」と。

明治38年3月8日、金子は新潟県に学校設立を出願し、3月10日はれて設立の許可が降りたのであった。

(2) 主任教諭の着任と苦労

開校にあたって、東京盲唖学校長小西信八は「主任教諭」として、長岡出身の高取易太郎を推薦した。

着任した高取は、後日当時のようすを次のように記している。(別掲「高取易太郎」参照)

「…… 4月15日、盲生6名、唖生7名を以て授業を開始したのであるが、校舎と云っても器械器具は何一つあるでなく、全く空家同然であった。教室は二間半の三間（8坪75)、運動場は5坪、職員室は一間半の二間半（3坪75）という狭隘さで、調度は教員用椅子一組を阪之上校より、又生徒用机腰掛けは千手校より伊佐校長の好意により机面の損傷を覆うため薄板を張って貸し渡された。(中略) ……黒板はその年3月限り廃校となった中島校の廃物、柱時計は澤木猪之吉氏、琴及び姿見鏡は古澤照子氏、補聴器は単管及

補 聴 器

び双管各1個小出町小杉源吉氏等何れも篤志寄附に依って設備した。（注：小杉源吉は金子と同じ薪炭商を営んでいて、その店に金子の親族が勤めていた関係で理解があった。）

然し、この不完全な校舎及び設備が、やがて県内は勿論、他県にも盲唖学校設立の気運を促進せしめた原動力となったことを想到すれば尊い至宝と云ってよい。」

金子と私的に懇意にしていた人、金子が営む薪炭商の商いを通じて関わった人など、金子の幅広い人間関係の中で、大勢の篤志家が協力を惜しまなかった事実が見て取れる。

(3) 卒業生の記録

開校当時入学してそこで学んだ生徒であり、後に教師として赴任した人（丸山浩太氏）の記録が残されている。

「……とりわけ私と長岡聾学校との縁は入学から退職に至る60年間の長きに亘るものだけに感慨は一層深いものがあります。

故金子徳十郎翁によって明治38年（1905）3月10日に創立された唖生徒7名、職員3名の私立長岡盲唖学校が、現在の長岡聾学校の前身となるわけですが、私は大正4年（1915）4月、中頸城郡の生家を後にして、生まれて初めての蒸気機関車に目をむき、そして揺られ、僅か生徒数13名のその盲唖学校尋常科に入学しました。

当時の校舎は阪之上小学校の一部にあたる旧役場を借用したもので、教室は三間半、職員室は二間、運動場にあたる土間が三間という狭さで、屋外運動場は旧役場の庭がその代用となり、生徒はその庭の真ん中にそそり立つ直径1メートルの柿の木の下で、縄跳びなどに興じ、雨の日に限って土蔵で遊んだものでした。

寄宿舎は旧中島町野村製本所の隣りに存在し、一階が食堂と炊事場、二階が宿舎となっており、雨の日や雪の日の辛さはあったものの、馬車や人力車の往来する街頭を横切っての通学は仲々たのしいものでした。(後略)」(『創立70周年記念誌』から)

このように、不完全な施設であったがスタートした「盲唖学校」は、教育の成果をあげるべく教師、生徒共々努力したのである。もちろん地域の人たちの惜しみない協力があったことも忘れてはならない。

8 金子徳十郎から学ぶ

(1) 父としてわが子に向き合う

誕生したわが子が、成長するにつれて聴覚に障害があることに気付いた金子徳十郎は、11歳の段階でわが子の将来を家族と真剣に考えるとともに、友人知人にも相談して就学先を決める。

そして長男13歳の時、遠く東京に盲唖学校があると知るや、自ら子どもを連れて学校に出向き、専門家に相談して、わが子の将来のために遠くの教育機関に託す決断をする。

この記録を目にしたとき、筆者は現役時代に教育相談を担当して、多くの保護者と話し合った頃に、参考にしていた一つの論文を思い起す。

平成5年(1993)「発達障害研究第15巻」に掲載された、東京大学　玉井真理子の『障害の告知の実態～母親に対する質問紙調査の結果及び事例的考察～』である。発達障害児の母親33人を対象に質問・調査を行って、告知に対する満足度を検討した論文である。

そこでは、障害の告知の在り方が、親としての「障害の受容」や精神的安定、養育意欲、さらには家族・親族内の人間関係にまで影響が及ぶとされた。「この子を産んだ」母親一人で相談に出掛けたり医療機関に通っていたりするケースが多く、「父母同席で告知を受けた」場合の満足度は、一人で告知を受けた場合の満足度を上回っていたという結果を示したのである。

同時に、この研究では、告知後のフォローアップとして、専門医の紹介、相談・療育機関との連携、親の会に関する情報提供が望まれていたことを明示した。極めて大切な視点を示した論文である。

金子は、上京して小西信八から「盲唖教育の意味、意義、成果」を知らされ、わが子を託す決意をした。家族と相談してわが子を託す学校を選択したという、父としての責務を果たしたと言えよう。同時に長男にとっても「障害に応じた適切な教育」を受けることができ、意味のある、意義の大きい進路決定であったと言える。

東京盲唖学校で学んだ金子の長男は、その後父が設立に努力した長岡聾学校で 30 年間教鞭を執ったのである。

(2) 資材を投じて学校設立に努力

前述したが、上京した際小西に「当初必要な資金 300 円の半分を自分が出すから、君も半分の 150 円を出して学校を作ってほしい」と言われていた。

初めは「私は一介の商人で、学校設立など思いも寄らぬこと、所謂柄にもないことである……」と固辞していたが、小西の熱意に打たれ、「私も薄資といえども年額 100 円くらいの負担ならばできえないこともありませぬが……」と承諾をした。

わが子の教育に熱を込めて語る小西の情念に打たれたことも大きな要因であろう。薪炭商をしていて、いくらかの資金があったことも幸いしていたと言ってよい。

(3) 理解啓発と学校発展のための努力

金子は、学校設立のために盲唖教育に関する講演会開催を幾度となく計画、実行した。東京盲唖学校長小西信八はじめ長岡出身の盲唖学校生多田真佐雄や、中央の盲唖学校教師などを長岡での会合に呼んで、具体的にその教育の必要性と成果を訴えた。何よりも説得力のある手法であったと言えよう。

同時に、薪炭商を営んでいた立場、長岡町会議員をしていた立場から、盲唖教育の必要を訴え、併せて資金調達の依頼も続けた。金子の実直な態度、教育への並々ならない情熱に打たれて寄付金募集に応えてくれた関係者が多かった。

さらに、学校経営を潤沢にし独立校舎建築を実現させたり、県立移管を実現させたりした功績は大きい。またその後、後援会長に就任して長く学校の発展のために尽力した。

9 おわりに

最後に、創立30周年記念誌に寄せた金子徳十郎の「想ヒ出ノ記」の一部を載せて、金子徳十郎を偲びたい。

「……万事予想外に進展発達してまいり、総てが順調に順調にと運んで、その間幾多の識者が非常に尽力をされ、遂に大正11年4月、縣移管となり私は創始者として、完全に其の任務を完了することを得て、以て今日の盛典を見ることを得るに至ったのは、実に身に余る光栄として感激に堪えぬ次第である。回顧すれば真に隔世の感ありで、今更ながら正しき事業は、意外の大成功を博するものであることを体験致しまして、感慨無量であります。(後略)」

金子の言う「正しき事業は意外の大成功を博する」という言葉は、信念を貫き通し、そのための努力をした人であるが故に語ることのできる言葉であろう。今の世に、覚悟をもって自分の信念を貫き通すことができ、理想を実現できる人間がどれだけいるだろうか。

我が身をふりかえり、改めて金子の信念と情熱と実現のための弛まぬ努力に学びたいと思う。

【金子徳十郎略歴】

慶応 元 年（1865）4月25日　古志郡長岡町（元長岡市山本町）で出生
明治15年（1882）父親の死亡により16歳で戸主に。
明治22年（1889）長岡町町会議員
明治24年（1891）長男誕生：唖人とわかる。
明治37年（1904）小西信八と出会い、開校準備を開始。
明治38年（1905）私立長岡盲唖学校開校、寄宿舎設置。その後援会長を努め、長岡聾学校の発展に尽くす
昭和20年（1945）6月5日　逝去　享年80歳

※金子徳十郎没後2ヶ月、8月1日に金子の汗の結晶といえる長岡盲唖学校は米軍B 29の長岡空襲で焼失したことも記しておきたい。

〈参考文献〉

長岡聾唖学校・長岡盲学校（1934）「創立30周年増改築竣工記念誌」
長岡聾学校（1955）「創立50周年記念誌」
長岡聾学校（1975）「創立70周年記念誌」
長岡聾学校（1984）「創立80周年記念誌」
長岡聾学校（2005）「長岡聾学校百年史」
丸山昭生・小杉敏勝他（2007）「教育0の解消 ～ 特別支援教育に引き継ぎたい開学の精神～」（北越出版）

（小杉敏勝）

9 高取易太郎

～ 長岡聾学校の礎　最初の教師 ～

要旨　明治5年（1872）中蒲原郡茨曽根（現新潟市白根地区）で誕生した高取易太郎は、若干15歳にして教師を志す。南蒲原郡羽生田小学校の「授業生申付候事」の職を拝命し2年間教師として勤務した後、後の早稲田大学である東京専門学校で研修し、訓導として羽生田小学校に着任する。

22歳の時、意図するところがあって「盲学校教師」を目指し、教職の座を休職し「東京盲唖学校教員練習科（1ヶ年課程）」に入学する。

明治38年（1905）、長岡盲唖学校開設に際し、高取が「盲・唖教育の先達」として迎えられることになる。

それは、長岡在住で聾の子どもの親として、わが子に真剣に向き合っていた金子徳十郎（別掲）が子どもの教育を託していた東京盲唖学校校長・小西信八の「当方カラ然ル可キ人選ヲ為シテ遣ルカラ……」という推薦の結果であった。

着任した高取は、施設設備が不完全で主任教員は自分一人という悪条件の中、「盲・唖の障害」に悩む子どもたちの教育に当る。その根底には、「盲唖者モ同ジク国民デアル。斉シク国民タル以上国民教育ヲモ施スベクハ当然デアル」という思いがあった。(後述する資料『二十有四年ノ思出』参照)

そして高取は、創立から20有余年にわたって盲・唖教育に打ち込んだのである。

教員退職後は、長岡市内に資財を投じて、当時としては我が国唯一の聾唖者のための授産・職業補導を目的とした授産施設「長岡昭和園」を創立し、障害者福祉に尽力したのである。

1 万感の思い　『二十有四年ノ思出』

高取易太郎は、「長岡聾学校30周年記念誌」に『二十有四年ノ思出』と題して、学校創設時の思いを寄稿している。それは、「長岡聾学校100年史」にも再掲されていて、長岡聾学校の誕生と開校当時の苦労、教育の質の向上に心を砕いた高取の足跡を示す貴重な記録である。

記述を再現しながら、高取の教育に対する精神と苦労を記録として遺して、後世に伝承しなければならないと考えて、本稿を構成した。

高取易太郎

（注：『二十有余年ノ思出』の原文は、旧漢字を含む漢字とカタカナ書きであるが、筆者が可能な部分を常用漢字とひらがな表記にした。また、各章の小見出し(タイトル)は、筆者の考えで表現したことを付記しておく。)

「新潟県立長岡聾唖学校・新潟県立長岡盲学校創立30周年記念誌」(昭和9年10月26日発行)の冒頭、時の校長湯川章平は、次のように祝意を記している。(原文はカタカナ表記)

「(前略) かくて設備不完全とはいえ、金子徳十郎氏の希望は達せられ、授業は開始せられたり。この際、率先招聘に応じて教鞭に当られたるは東京盲唖学校教員練習科出身の高取易太郎その人なりき。爾来氏は世の利害栄辱を離れ、当校に終始すること実に24年、遂に当校の県移管後第3回の学校長たる栄職を最後として勇退せられたり。(後略)」

以下、『二十有四年ノ思出』にそって、高取の実践を振り返ってみよう。

2 盲唖学校設立の気運促進とその原動力

(1) 盲唖学校教師への旅立ち

盲唖学校の教師になることの意志を固めて、小学校教員を休職して東京盲唖学校に研修に発ったのは、明治27年（1894）高取易太郎が22歳の時であった。

高取が研修に向かった東京盲唖学校には、明治19年（1886）にわが国で初の盲唖教育に携わった新潟県出身の小西信八が校長として勤務していた。

小西信八は長岡市(旧古志郡)の出身で、向学心に燃え16歳で私塾にて漢学と洋学を学び、明治5年（1870）長岡洋学校（後の県立長岡高等学校）設立と同時に第1回生として入学。明治9年（1874）4月、当時教育の最高学府であった東京師範学校（後の東京高等師範学校）に入学。卒業後いくつかの教職を経て明治19年（1886)、33歳でわが国初の盲唖教育に身を挺した人物である。

(2) 金子徳十郎と小西信八の出会い

他方、長岡市には「聾」の子どもを苦心して育て、わが子の将来のために専門的な教育が必要であると考えていた親・金子徳十郎(別掲)がいた。

金子は、人づてに、近隣に東京盲唖学校に在籍して学んでいる人がいることを聞き、上京して学校に相談してわが子の教育を小西が校長を勤める東京盲唖学校の教育に託す。

小西は、上京した金子に「東京盲唖学校在校生には東京、埼玉に次いで3番目に多く新潟県の子どもたちが15人在籍している。しかも15人の内長岡近辺から5人もの子どもたちが在籍している。」と話し、金子に「新潟県に盲唖学校設立」を説いたのである。

(3) 長岡盲唖学校教師第1号誕生

金子の尽力もあって、明治38年(1905)私立長岡盲唖学校が開校になり、東京盲唖学校校長小西信八は、金子徳十郎に対して「主任教師ハ一メイデ間ニ合フ。是ハ當方カラ然ル可キ人選ヲ為シテ遣ルカラ……」と意中の人、高取易太郎を推薦したのであった。小西は、当初から長岡盲唖学校の教員には「東京盲唖学校教員練習科に在籍している高取」を考えていたのであった。

市内の学校の一部を間借りしての第一歩であり、高取が言う「空き家同然」という不完全な施設の中でのスタートではあったが、教師・生徒の机と椅子、黒板代わりの板など必要最小限の備品等について篤志家の援助もあり、高取は新潟県での「盲・唖児の教育」をスタートさせた。

私立盲唖学校〈借館で開校より校舎の建築まで　附寄宿舎〉

長岡盲唖学校は本邦盲唖教育の先覚小西信八先生の勧告により、金子徳十郎氏が市内有志の助力を得て明治38年3月10日創立されたのがその濫觴である。創立早々のこととて校舎は阪之上小学校の一部、旧役場跡を仮用し、4月15日盲生6名、聾唖生7名を以て授業を開始したのであるが、校舎と云っても器械器具は何一つ有るでなく全く空家同然であった。教室は二間半の三間半（8坪75） 運動場は5坪。職員室は一間半の二間半（3坪75）と云う狭隘さで、調度は教員用机椅子一組を阪之上校より、又生徒用机腰掛は千手校より伊佐校長の好意により、机面の損傷を覆うため薄板を張って貸し渡された。その後大工町小市慶治氏が来観の折此の薄板張りの机を見て大いに同情し、机5組を新調寄附されたのが、当校備品の第一であった。黒板はその年3月限り廃校となった中島校の廃物、柱時計は澤木猪之吉氏、琴及び姿見は古澤照子氏、補聴器は単管及び双管各1個小出町小杉源吉氏等、何れも篤志寄附に依って設備した。

併しこの不完全な校舎及び設備がやがて県内は勿論盲唖学校設立の気運を促進せしめた原動力となったことを想到すれば尊い至宝と云ってよい。

（注：小杉源吉は、小出町＝現魚沼市＝で金子徳十郎家と同じ薪炭商を営んでいて、その店に金子の親族が勤めていたことから理解があり寄附をした。）

3 聾唖生と盲生の授業に苦心

(1) 着任、主任教師として

着任した高取易太郎は、一人で聾唖生と盲生の授業を担当することとなる。開校を知った盲唖の生徒たちは年度途中にも大勢入学し、開設時の7人からその年の年末には14人に倍増して高取の負担は大きくなっていった。

障害の異なる生徒に対して、授業時間を午前と午後に分けたり、女子の生徒に「裁縫」の時間を設けたりして対応に苦心した。

(2) 教師増員のねがいと行政の理解

生徒の増加に伴う教員の不足は深刻な事態であり、特に盲生の将来を見越して、「按摩指導」が出来る教員の確保が急務であり、高取は町当局に「按摩指導」が出来る教員をはじめ教員の増員を切望することとなった。

明治39年（1906）、市制を敷いた長岡は初代市長牧野忠篤が理解を示し、補助金を得て、東京盲唖学校卒業生宮島寅吉を確保することができたのである。この教員確保にも東京盲唖学校長小西信八の尽力があった。

> 教師は自分一人であったから、午前は聾唖生に午後は盲生に3時間乃至4時間ずつ教授した。盲唖生の中途入学は第2学期に新潟市より僅かに1名入学したのみであったが、開校を耳にした盲生達は市外より毎月入学する有様で年末には14名に倍加した。
>
> であったから漸く点字を教えたかと思うと又次々に新教授するという状態、盲生、聾唖生各一学年一組の小規模であったとは云え、内容はなかなか複雑であった。校長は同年7月27日長岡高等小学校長山田音二郎氏が本校校長を兼務ということになった。（同氏は39年12月27日病没され　翌40年2月20日阪之上小学校長丸田亀太郎氏が兼務されることとなった）
>
> 第二学期より時間の延長と共に盲生と聾唖生とを同時に教授せねばならぬ重複時間が出来た。そこで幼年生は4時間限りで帰宅せしめ、12歳以上の女生に裁縫を課することとして阪之上校訓導田中千之氏を嘱託した。盲生は一・二を除くの外は何れも按摩の心得ある者であったから交互練習を命じた。
>
> 併し指導教授する者なければ倦怠を来し易く到底普通科修了まで此の状態を継続することが出来ぬと考えられた結果、按摩教師を次年度より雇入れたいと要望した所、評議員会の決議で兎に角教師1名増員の経費補助を町長に請願することになったが、翌39年4月より長岡町に市制を布くや、初代市長に子爵牧野忠篤氏就任、大いに本校の為に尽力奨励され、後半期に於て市費補助金150圓を得た。該科担任教師は人選を東京盲唖学校長小西信八先生に依頼したところ先生は同校卒業生宮島寅吉氏を選定して下された。

4 地域関係者の理解と協力

(1) 理解ある人達と保護者の理解

盲唖教育の普及を目指す高取易太郎は、日露戦争下で日々を追って資金が不足して生徒募集の停止をも考えなければならない事態の中、資金調達を学校設立者であり聾唖生の保護者でもある金子徳十郎に相談する。

金子は、他の保護者と共に「この事業＝盲唖学校充実＝の継続」をつよく主張して、寄附金を集めることを約束し、高取に対して「生徒募集の継続」を望んだ。

(2) 民間の協力

金子らの努力によって、盲唖教育に理解を示す地域の一般の知己の人々、新聞社や病院等、民間機関から多くの好意と援助が寄せられて、長岡での盲唖教育が継続されることとなり、高取の教育への願いが継続して実現の方向に動いたのである。

> 創業当時一個年400圓位の経費で約5年間を維持し得る寄附契約あったにもせよ、時恰も日露戦争の非常時に逢会したので果して予定の寄付金が集るかどうかの懸念があり、且つ年を逐うて経費は自然増加するばかり、けれども本県唯一の聾唖学校である本校が、盲唖教育の普及発達を期する上からも、唯一個年だけ生徒の入学を許し次年度から入学を拒絶するようでは、盲唖の子女を持てる父兄は勿論のこと本人等に対しても誠に気の毒に堪えない。これを如何に解決処理すべきかを悩み抜いた末、金子設立者に諮ってみた。
>
> ところが氏は如何なる困難に遭遇するとも第一回卒業生を出すまで必ず此の事業を継続して行かねばならぬ。戦争も最早峠を越しているようであり、契約の寄附者は何れも市の有力者のことであるから心配するに及ばぬ。尚出来うる限り寄附金を集める決心である。是非生徒募集は毎年継続してくれとの堅い決心を示された。よって39年3月北越及び越

佐両新聞社の好意によって無料にて数日間生徒募集の広告を出して貰い、又長岡病院からは谷口院長の好意で生徒に対して施療されることになった。

5 専門的教師の確保と教育内容の充実

(1) 在校生の増加と教師の不足

開校2年目、3年目になるとともに生徒数・学級数が増加して、教員の不足が一層深刻な課題になった。高取易太郎は、東京盲唖学校卒業生をはじめ近隣の学校に勤める教師の獲得に苦心する。しかし、勤務条件等により教員確保は困難であった。

(2) 教育内容の充実を期した教師の採用と修業年限などの改正

しかし高取はくじけず、他県の訓盲学校に勤務していた教師に着任を依頼したり、鍼灸科の教育に対応して医学得業士を迎えたりして、教育内容充実のための教員確保に尽力を惜しまなかった。

同時に普通科、技芸科で学ぶ年数を3年から5年に延長して、専門的技能の習得を目指すべく教育内容の改革を行ったのである。

斯くて第二年は新学期に四個学年となった。学級増加は自然経費の増加を伴うが、極力節約をモットーとせねばならず、鍼按科教師は市費補助の見込みが付いて雇入れたが普通科教員を増すことができぬ、ままよ複式教授によって出来るだけやってみようと決心を固めた。5月に至り長岡出身、東京盲唖学校図画教員練習科卒業の多田眞佐雄氏（注）を採用することになり、図画及び習字の教授を分担せしめた。

漸く第二年は凌いで来たが、第三年には六個学年となる。どうしても1人ではやり切れないので教員1名を増員することに決し、某校に奉職していた女訓導を採用することに内交渉を進めていたが、夫君の事業の都合に依り他郷へ転居することになって此の計画も水の泡と化した。

（中略）

この得難い篤志家を失った其の時の自分の失望落胆はご想像願いたい。

かくて如何にして此の六個学年を取扱うべきかと苦慮せし折柄、7月に至り父兄中から長岡高等女学校卒業の十見ハツ子氏を推選した者があった。早速丸田校長と協議して9月からお手伝いを願うことにした。

（中略）

又一方に内容の充実を期し41年2月27日普通科、技芸科各修業年限三個年を各五個年に延長し、両科を兼修し得るよう県の認可を得て学則を改正した。

41年4月元古志郡某小学校長にして郡教育会盲唖教育調査委員であった小林熊蔵氏を採用し、盲生普通科教授を分担せしめた。此の年丸田校長より、もはや第一回卒業生を世に出す時期も近いから東京盲唖学校出身の教員を招聘してはとの御相談を受けたが、教員練習科出身者は極めて少なく其の人を得るに容易でない。幸に福島訓盲学校に奉職していた福島県人北尾鑑三郎氏に交渉したところ快諾され42年4月より同氏の就任を見た。

43年2月1日医学得業士安達修吉氏に鍼按科の授業を嘱託、（中略）マッサージの講義を請うことにした。

斯くて五個年計画の陣容を整え43年3月29日愈々第1回卒業生を出すこととなった。

（中略）

灸術の免許はわが国盲学校中、本校を以て嚆矢とするのである。尚本県は明治45年7月5日告示第295号を以て本校を按摩術営業取締規則第1條並びに鍼灸術営業取締規則第1條所定の学校に指定した。

（注：多田眞佐雄氏は、別掲金子徳十郎が、自分の息子を東京盲唖学校に入学させる際、東京盲唖学校に生徒として在籍していて、そこでの教育の

実際と成果を金子とその息子に語ってくれた人で、金子の息子の入学を決心させたその人である。)

6 貧困な施設設備克服の努力

(1) 既存施設を借用した苦労

教師採用の困難とともに、高取易太郎が苦労したのは生徒が学ぶ教室であった。

職員の宿直室、廊下はもちろん土蔵までが生徒たちが学ぶ「教室」であった。明治時代の当時は、長岡盲唖学校に限らず全国各地で、このような悪条件の中で「教育」に精魂傾けた教師たちが大勢存在したことも事実であろう。

(2) 学校を援助する善意の団体結成 ～楽善会～

開校後5年が経ち、貯えてきた寄附金も尽き、更なる寄附金収入も見込まれない苦渋の中、長岡市内の善意ある人たちが発起人となり、「盲唖楽善会」を組織して、この子等の教育を後押ししてくれることになる。この動きは、障害の別や時代の別を問わず、今日まで連綿と続いている事実である。

(3) 公的助成金を貯えて ～備えることの大切さ～

こういった努力にもかかわらず経済的困難は続き、市や県への補助金要請や内務省の奨励助成金、文部省及び県選奨賞金などに一切手を付けず貯えて、ただひたすら校舎建築に備えたのであった。

以上開校以来五個年間に於ける教師採用の困難は前に述べたが更に一層困難を感じたのは教室であった。即ち運動場の5坪は忽ち盲生の教室に化し、職員室に隣りたる阪之上校宿直室8畳の間は盲生の実習室、一間に五間の廊下は二分し盲生及び聾唖生の教室に充てるという訳で全く余す所なきに至ったので、最後には暗がりの土蔵内に鍼按科の教室を移し漸く収容したという窮策、盛況といわんかはたまた惨状というべきか、今にして回想せば感慨一しおである。

経営方面においては42年8月1日評議員会を開き、今後の経営につき重大なる協議を遂げた。即ち五個年計画事業も愈々明年3月を以て満期となり契約の寄付金も尽き確定的の寄附金収入の途も途絶えるのであるが、今後如何にすべきやという問題であった。

協議の結果市内有力者108名が発起人となり盲唖楽善会と云うを組織し基本金約2万円を募集することになった。43年以後、学校の維持経営は実に困難を加え来った事は以て察せられるであろう。併し楽善会の活動も予期の好果なく市及び県の補助金を主なる財源とし、之に有志寄附金を加えて辛くも事業を継続するに過ぎなかった。之れが為め、設立者は毎年県及び市に対し補助金の増額を請願し大いに努力せられた。斯る経済的困難の中にも内務省の奨励助成金其の他文部省や県より選奨された賞金等は挙げて何れも手を付けず他日校舎建築の一助にもと積み立ててきたのである。

校舎建築の急務なることは借館の狭隘にして生徒の収容の余地なきを痛感したに外ならぬが、隅々この頃阪之上校改築の議起った際とて同校舎一部の無償払い下げを請い適当なる場所に建築するの意図もあって、不便を忍びつつも機の熟するを待つこととした。

然るに愈々改築と決定するや豊島市長の考えでは阪之上校々舎の表通りだけ無償払い下げの腹案らしく、斯くては寄宿舎に困るから是非左側の一棟をも加えられたいと懇請したが容れられず、止むなく之れを買入ることに決し改築工事に着手した。

前側の建物は大正9年春、上中島町に建て7月25日之れに移転し直に授業を開始し、残部は引続き移転する予定であったが、事志と違い建築中の阪之上校が失火の為め遂に翌年に延期を余儀なくされ10年12月初めて寄宿生を移転収容した次第であった。

7 更なる教員の採用と異動

学校設立後数年すると教員の異動を余儀なくされ、数人の教師が長岡盲唖学校を去ることとなる。

高取易太郎はここでも、専門性の高い教師の確保と指導事項の充実に専心する。鍼按科教師、鍼灸科教師、医学士、裁縫科教師、按摩鍼灸科教師等々、盲唖学校に欠くことの出来ない教師の確保に心を砕いた。

教員は前述の後、下の如く異動があった。

明治44年2月28日訓導北尾鑑三郎氏は新潟盲学校へ転勤、同年3月31日田中千之氏辞職。後任として長岡高等女学校卒業安藤テル子氏を盲生普通科聾唖生裁縫科教員に、本校第一回卒業石原鶴吉氏を鍼按科助手に採用。

45年4月30日安藤氏は和洋裁縫女学校に入学のため、宮島氏は家事の都合に依る退職。安藤氏の後任として9月16日長尾トシ子氏を採用。

大正2年3月31日宮島寅吉氏後任として本校第一回卒業東京盲学校師範科第一回卒業日山辰三郎氏を鍼灸科教員に採用。4月1日安達修吉氏依願解嘱、12月1日千葉医学士大森修三氏を後任に嘱託。5年4月21日多田眞佐雄氏広島盲唖学校へ転勤。

同年5月1日東京聾唖学校師範科裁縫科卒業金子進太郎氏を裁縫科教員に採用。7年3月25日小林熊蔵、石原鶴吉両氏を解職。同年9月6日東京盲学校師範科卒業本間文二氏を按摩鍼灸科教員に採用。同年10月5日日山辰三郎氏病死。

8年3月31日丸田校長市外転任に付辞職。4月3日高取易太郎校長を命ぜられた。同年8月31日十見ハツ子氏辞職。10月31日本間文二氏病気退職。本間氏後任として11月1日川瀬卯蔵氏、十見氏後任に11月27日永井親雄氏を採用。

以上の如き異動があった外阪之上校訓導三條有尋氏の唱歌、同星野悌一郎氏の体操の授業を補助せられた労は大に多とする所である。

8 苦心した寄宿舎生活

(1) 家を離れて生活する子ども

盲唖教育に寄宿舎設置が必要ということで、市内の廃校となった学校を修繕して使用することとなった。創立30周年校舎増改築竣工記念誌に『我ガ新シイ寄宿舎』と題して、次のような生徒の感想文が掲載されている。

開設当時の寄宿舎の実態と、竣工した寄宿舎での生活に感謝する舎生の率直な気持ちが記されている。

いかに苦労して寄宿舎生活を送っていたかが伝わってくる。

> 「今までの寄宿舎は狭く、破れ戸破れ畳で、大変寝苦しかった。食堂も三間四方の個室で闇く、一食4回にも渡って漸く全生徒の食を終わったと云う状態であった。寄宿舎とは名のみで、なかなか哀れな生活をせなくてはならなかったのであった。
>
> 今度茲に新らしく立派な寄宿舎が建築せられた。材木も新しく、畳も新しく、遺憾なく整った寄宿舎が我等に提供せられた。此の新しい寄宿舎に生活する我等は、非常に嬉しいと共に、懐旧の情はうたた禁ずることは出来ない。旧寄宿舎に生活した時を思い今は有り難く勿体ないように思われる。
>
> この新校舎で勉強する私共は品性の向上に努め、一層熱心に学業に励んで、本校の名声を挙げ、社会国家の為に尽くしたいと思う次第である。」
>
> (創立30周年校舎増改築竣工記念誌　昭和9年刊行　生徒感想=原文はカタカナ表記)

(2) 高取と妻の苦労

高取易太郎自ら舎監、更に高取の妻キンが舎生の食事や身辺の世話を担うこととなった。

雪道の通学、銭湯への引率、夜中の排せつの世話等々、夫妻の苦労は並大抵のものではなかった。

「長岡聾学校百年史」の中に寄宿舎について記述してある文がある。

「舎監は唯一人の教師、高取易太郎が、唖生、盲生の食事、身の回りの世話は夫人の高取キンが当られた。舎生は上中島（現中島3丁目）から東坂之上町（現東坂之上2丁目〜大手通2丁目）にある校舎まで（1キロメートル弱）通学した。整備の行き届かない砂利道を唖生はともかく、幼い盲生には保護者の付添が必要であった。初めは先生自らが付添、舎生が多くなってからは年長の唖生が交代で手を引き通学の安全に努めたのであるが、風雨の激しい日、雪道の日の苦労は一通りではなかった。
舎には浴場の設備が無かったので、高取キンが幼い舎生の手を引いて、船江町の柿川沿いにある銭湯「あなの湯」に通われた。（中略）学校草創の意気に燃える教師・生徒たちには、不便な生活は覚悟の上であったろう。（後略）」（百年史 P22）
舎生心得1条には「寄宿舎は舎監及長幼の生徒を以て組織せる一家族なれば父子の親長幼の序あること父母兄弟一家に於けるが如く信義を以て交わり親睦の情を厚くすべし」（百年史 P20）
「（食事に際しては、第12条）……舎監の出席を待ち、食物の名称及び品、味、食法等の教えを受け黙礼の後箸を取るべし」の心得は、現在の給食のマナーにも通じており……」（百年史 P20）

正にわが子を育てる親同然の対応をしていたのである。高取の妻キンは、その後大正15年4月から、県立長岡聾唖学校教師として舎監を兼務しながら盲唖生の教育に当った。

〈寄宿舎〉
盲唖教育には寄宿舎の設置は不可分の重要経営の一つと云える。明治38年夏、長岡女子師範学校長川面松衛氏の勧告により、其の年の3月限り廃校となった中島小学校の旧校舎を無料借入れ修繕を加えて使用した。階下を運動場、食堂、小使室に、階上四室を舎監及び生徒の居室に充て10月8日盲生及び唖生各1名を収容した。天井張もない板葺の校舎であったから毎年屋根替えをしていたが数ヶ月後には木羽屑は落下する、窓が高くて朝夕日光の射し込むので夏は恰も釜中に在るが如き苦熱であった。止むを得ず山間に暑を避けて次学期の計画を立てることにした。

上中島町の寄宿舎から東阪之上町へ通うにも幾多の困難を見た。聾唖生には差支えなしとしても、当時は田舎道であり殊に出入りには父兄母姉の附添いを要した幼少な盲生にとっては、到底独り歩きの出来ぬ悪道、そこで此等は年長盲生と同行させるか又は聾唖生をして交代に手を引かせて通学せしめて辛くも危機を免れしめたものである。

中には遺尿症の者も数名あった。夏の短夜でも4、5回呼び起して連れて行かねばならず、その世話も尋常でなかった。或一人は初め市内の親戚に下宿していたが、親戚のものに断られて学業を中止せなければならぬと聞いたので、然らば寄宿舎に預かろうと云う事で引きとった。(中略)便所は勿論階下にある。不完全な梯子の昇降に寝呆けた子供を連れ立って往復した記憶は今猶新たである。

浴場の設備がなかったから妻は船江町まで幼生を連れて入浴せしめるを常とした。

大正6年小西先生の令夫人が来舎の際『よくこんな所で辛抱が出来ますね』と嘆声を発せられた。それもこれも今日になって考えると忘れ得ない思い出である。

9 おわりに

(1) 高取易太郎の精神

「長岡聾学校百年史」に、高取易太郎の『二十有四年ノ思出』について、次のような記述がある。

「……この思いでの記こそ是非残して語り継いでいかなければならない貴重な文献であるとともに、精魂を傾けた高取の情熱が溢れ、その愛の深さ、その辛苦を他の文章をもって表現することは不可能だと考えざるを得ない」(百年史 P27「高取易太郎」の項)

弱冠15歳で教職に就き、さらにその5年後22歳で盲唖生の教育を目指して研修を積んだ高取易太郎は、新潟県聴覚障害教育の先駆者として嘱望され、長岡盲唖学校で盲唖者の教育に打ち込んだ。

学校発足当時、貧困な施設の中で高取は言う。「コノ不完全ナ校舎及施設ガ、ヤガテ縣内ハ勿論他縣ニモ盲唖学校設立ノ気運ヲ促進セシメタ原動力トナッタ事ヲ想到スレバ尊イ至宝ト云ッテヨイ」(長岡聾学校百年史)と。

この精神は、現代が「本当に豊かな社会」なのかどうか問いかけるまさに至言であると思う。

(2) 人は何のために学ぶか

筆者は、盲唖教育に生きた「教師魂の記録」を読んで、高取の生き方に触れ、平成8年(1996)に発表された「ユネスコの生涯教育論」を思い起こした。

この教育論は、ユネスコに設置された「21世紀教育国際委員会」が世界各地で深刻となっている失業、格差の増大、人種差別、環境破壊、戦争などの問題に対する憂慮の念を全面に出し、今後の世界に於いて人々が共存していく上で学習が果たす役割を示したものである。

ここでは、教育が寄って立つ4本の柱を次のように掲げている。

① 知ることを学ぶ(Leaning to know)

② 為すことを学ぶ(Leaning to do)

③(他者と)共に生きることを学ぶ(Leaning to live together)

④ 人間として生きることを学ぶ(Leaning to be)

高取は、教師を志し若くして家を離れ「教職について」そして「盲唖教育について」知るために学んだ。

研修を終えて帰郷した高取は、学んだ知識を生かして「何を為すべきか」を考え、「長岡盲唖学校第1号教師」として実践を展開した。小西信八、金子徳十郎の期待を受けて、整わない施設の整備と教育課程の編成に苦慮しながら、開設した「長岡盲唖学校」の中味の充実に努力したのである。まさに「為すことを学ぶ」時期であった。

さらに高取は、近郊から学ぶ生徒のために寄宿舎設置に努力して、自ら舎監を勤めるとともに、妻高取キンも舎監として舎生と起居を共にして盲唖生の世話＝教育＝に当ったのである。まさに「他者と共に生きること」を学んだ時期でもあったと言えよう。

これらの時期を通して、高取は、妻キンとともに「自分がどう生きるのか」を学び、実践を積み重ねたのであろう。

今から140年も前に、ユネスコの精神「何のために学ぶか」について、明確に答えを出して実践していた教師がいたことに敬服する。翻って考えれば、高取易太郎らをはじめとする多くの先達が、後の様々な理念を産み出したといってもよいのだろう。

(3) これからの教育の課題

障害のある人たちの教育・福祉の出発は、障害の別を問わず「障害のある人の親、兄弟姉妹、そして障害のある人たちに直接かかわる人と、その人たちを理解し支えてくれる人たちの動き」に端を発していると言っても過言ではない。

高取もその一人であり、彼を支えて長岡盲唖学校寄宿舎で寮生の世話に当った彼の妻高取キンもまたその一人であった。

県立長岡聾学校で、聴覚障害ではない障害のある生徒も学ぶ現在の「特別支援教育」。

私達は、時代の変化とそれに対応する教育制度の変革を見極め、見詰め、長岡聾学校をはじめ、各特別支援学校がそれぞれ現在の役割を考えるとともに、学校発祥の時代を振り返り、まさに「温故知新」の心構えで先人の苦労を確かめつつ、将来を見据え、「今何を為すべきか」を思考して現代の障害児教育に当っていかなければならないと考える。

【高取易太郎略歴】

明治 5年（1872）11月29日　中蒲原郡茨曽根村（現新潟市＝白根＝）にて出生
明治20年（1887）教師を志し、南蒲原郡羽生田小学校で「授業生申付候事」
明治22年（1889）東京専門学校（後の早稲田大学）で校外生として学ぶ
明治23年（1890）羽生田小学校訓導
明治27年（1894）東京盲唖学校教員練習科（1年課程）入学
明治35年（1902）南蒲原郡加茂第一尋常小学校訓導
明治38年（1905）私立長岡盲唖学校訓導
大正 8年（1919）私立長岡盲唖学校校長
昭和 3年（1928）2月　新潟県立長岡聾唖学校長
昭和 3年（1928）4月　新潟県立長岡盲学校長
昭和 4年（1929）退職

〈参考文献〉

新潟県立長岡聾学校（1934）「創立３０周年増改築竣工之記念誌」
新潟県立長岡聾学校（1966）「創立５０周年記念誌」
新潟県立長岡聾学校（1975）「創立７０周年記念誌」
新潟県立長岡聾学校（1984）「創立80周年記念誌」
新潟県立長岡聾学校（2005）「長岡聾学校百年史」
丸山昭生・小杉敏勝他（2007）「教育０の解消～特別支援教育に引き継ぎたい開学の精神～」(北越出版)

（小杉敏勝）

10 高橋助七

～私財を投じて私立新潟聾口話学校を創立した篤志家～

要旨　県立新潟聾学校の創立者である髙橋助七（通称髙助翁、以下高助翁とする）は、幕末の安政元年（1854）新潟市本町通五番町（現在の新津屋小路西北角）で商家の長男に生まれた。明治から大正・昭和にかけて、新潟市議会議員や新潟市商工会議所議員などを歴任し、創生期にあった新潟市政や商工業発展の礎を築いた名士であった。

明治40年（1907）に創立された私立新潟盲唖学校は、大正11年（1922）4月、県立移管により盲・聾（唖）教育が分離統合され、県内の聾（唖）児は県立長岡聾学校で教育を受けることになった。新潟市や下越に生活する聾（唖）児は事実上の教育の場を失うことになった。

高助翁は、大正6年（1917）から財団法人新潟盲唖学校評議員に就任し、盲・聾（唖）教育の普及・振興に関与していたが、彼は、この県立移管に伴い、下越地区の聾（唖）児が教育の場を失うことを大変哀れに思った。

高助翁は、このような窮状を見かね、新潟市内に聾唖学校を設置できないかと考え、新潟市への請願を行ったが、財政難を理由に許可が下りなかった。そこで、新潟医科大学鳥居恵二教授や当時口話教育の権威であった西川吉之助等と相談し、昭和2年（1927）5月、莫大な私財を投じ、新潟市白山浦の新潟夜間中学校の一室を借用し、私立新潟聾口話学校を創設した。

高助翁は昭和8年（1933）に80歳で他界したが、私立新潟聾口話学校は戦後県立に移管されるまで、高助翁の遺志を受け継いだご子息の私財により賄われたのである。

新潟県のみならず全国的にも、聴覚障害教育、とりわけ口話法教育のメッカと言えば県立新潟聾学校であるが、その創設と発展には高助翁の多大な尽力なくしては語れないのである。

1 高助翁の生い立ち

(1) 商家に生まれた高助翁

新潟市内を自家用車で走っていると、今もガソリンスタンドなどの会社名や看板に、『高助』という表示を見かけることがある。これは県立新潟聾学校創立者である高橋助七（高助翁）が興したり、関与したりした企業である。今に至るまで、高助翁の名前は新潟県内の企業名や看板の至る所に、その盛名を留めている。

高橋助七
昭和８年１月　新潟市にて撮影「高橋助七翁」より

高助翁は江戸末期、安政元年(1854) 12月29日、新潟市本町通五番町（今の新津屋小路西北角）の3代目高橋助七（代々高橋家の長男は助七を襲名していた）と、すや子（淑徳の誉れ高い賢夫人で、子育ても、家業も夫を助けて、かいがいしくやっていたという）の長男として生まれた。幼名を助松といい、15歳を迎えた明治元年（1868）に元服（当時、商家では元服に前髪祝いをしたという)、長じて（後年）治太郎を名乗った。

(2) 実業家としての高助翁

飴・むし物商（高助商店とか高助運送店と呼ばれた）を営んでいた父親、高橋助七が、高助翁17歳の時死去すると、長男に生まれた彼は家督を相続し、助七を襲名した。19歳で新潟市北毘沙門町の割野紋四郎長女モトと結婚し（モトを早くに亡くし、後、ミス夫人と再婚)、明治7年(1874) 8月5日長男、庄松が誕生している。

高助商店（高助運送店）を継いだ高助翁は砂糖・紙等の荒物業者として、新潟県内は勿論、山形県酒田地方へも販路を拡大していた。明治期に入り、新潟港の整備や鉄道の敷設・整備に伴い、いち早く汽船や鉄道を利用し、その販路を関東圏や関西圏にも拡大させていった。商売のかたわら、新潟市議会議員や新潟商工会議所議員などの要職も歴任し、新潟市政や新潟商工会議所の設立にも関与した。

2 私立新潟聾口話学校の創立と高助翁

(1) 盲・聾(唖)教育との出会い

高橋助七（高助翁）が盲・聾(唖) 教育と関わる契機になったのは、大正6年（1917）2月、財団法人新潟盲唖学校評議員に推されて就任したことである。以来20有余年にわたり、盲・聾(唖) 教育の普及・振興に深く関与し、私立新潟聾口話学校を創立することに繋がっていくことになる。

すなわち、明治11年（1878）9月、明治天皇の北越巡幸に際し、新潟県に盲人や眼疾者が多いことを憂え、内帑金1000円を下賜された。これを受けて、盲人関口寿昌が盲人教育会を組織し、盲人の教育指導を試みた。その後、明治37年（1904）鍼灸術開業に当たり試験が実施されることになり、医師長谷川一詮や鏡淵九六郎が私立蛍雪校の一部を借用して団体教育（学校教育）を始めた。次いで明治40年（1907）10月、医師長谷川一詮や鏡淵九六郎が創立者となり、新潟市医学町一番地に、私立新潟盲唖学校を創立した。大正6年（1917)、高助翁は同校評議員に推され、翌大正7年（1918）には同校理事となり、新潟盲唖学校後援会を組織すると、後援会長に就任した。

こうして、高助翁は新潟市を中心として下越地域の盲・聾(唖) 教育に深く関わっていくことになる。

(2) 盲・聾(唖)教育の分離

明治期に始まった盲・聾（唖）教育は、大正初期までは江戸時代からの盲人の地位や伝統も与って、盲児の教育を主体とし、そこに聾(唖) 児の教育を含めて、盲聾唖学校を設置して行っていた。しかしながら、盲と聾(唖) は異質の障害であり、その教育は分離して行うべきだと当時の関係者は願っていた。

明治31年（1898）11月、来日していた電話の発明者であるアレキサンダー・グラハム・ベルの主張した盲聾(唖) 教育分離原則の影響もあり、当時の日本の盲・聾(唖) 教育をリードしていた小西信八、鳥居嘉三郎、古河太四郎の文部大臣への強い働きかけにより、盲・聾（唖）教育分離が決まった。すなわち、盲聾学校官立東京盲唖学校が明治42年（1909）に官立東京盲学校に、翌年43年（1910）には官立東京聾唖学校に、それぞれ分離独立した。この影響は新潟県にも及び、県立移管を契機に、盲・聾（唖）教育、盲聾唖学校が分離していくことになる。

新潟県において、大正元年（1912）の盲聾唖学校の生徒数を見ると、盲生109人、聾（唖）生48人であり、県内には高田、新潟、長岡、新発田、中越（柏崎）に私立盲聾唖学校が設置されていた。しかしながら、盲・聾（唖）教育分離の思潮や私立故の慢性的な財政難もあり、私立4校校長による県立移管への請願などにより、県議会の承認を経て、大正11年4月、高田盲（訓矇）学校は私立として存続させ、新発田と中越（柏崎）の私立盲聾唖学校は閉鎖となり、私立新潟盲聾唖学校は県立新潟盲学校へ、私立長岡盲聾唖学校は県立長岡聾学校となり、県へ移管された。

(3) 私立新潟聾口話学校の創立

県立移管により、私立新潟盲聾唖学校の聾（唖）部は在籍する生徒の卒業までは存続していたが、昭和2年（1927）3月に最後の卒業生を送り出すと、聾（唖）部は廃止された。新潟市や下越地方の聾（唖）児は県立長岡聾学校に通うことになっていたが、交通の不便な、しかも貧しい家庭が大半を占めていた当時にあっては、新潟市や下越地方の聾（唖）児は実質的な就学の場を失うことになった。

当時、新潟盲学校の役員をしていた高助翁は、教育を受けられない聾（唖）児と保護者の心情を哀れに思い、新潟市有志の代表として県に新潟市内への聾唖学校設置を請願したが、県は財政難を理由に許可しなかった。ここに至って、高助翁は、「よろしい。この上は自分一人でも学校を建設しよう」と一大決心し、中村新潟市長、中山樵、新潟医科大学鳥居恵二教授等と諮り、設立に向けた準備を始めた。特に新潟市が高助翁の熱意や聾（唖）教育に理解を示したこともあり、中山樵が校長を務め、富山虎三郎が経営する新潟市白山浦にあった新潟夜間中学校の一室を借用し、昭和２年（1927）５月、私立新潟聾口話学校を開校した。中山樵を校長に、鳥居恵二教授を顧問に、11 人の生徒が入学した。開校準備金の 450 円、学校運営費 2800 円は高助翁が私財を投じたものであったという。

高助翁はなぜこのように私財をなげうってまでも、聾学校を開設しようとしたのであろうか。

昭和３年（1928）11 月 23 日の「新潟新聞」に、「私（高助翁）の知人の家に聾唖の不幸な子供がいて、他の子供達が学校へ行くのを見ると自分も行きたいといって承知しない。それで学校へ行く真似をさせたりしていたが、かかる悲惨な現状は自分を奮起せしめ……」と述懐している。新潟盲聾唖学校の役員をして聾（唖）児と身近に接したり、知人の聾（唖）の子どもの学校に行きたがる健気な様子を見たりして、高助翁は強く心を動かされたのであろう。

(4) 手話法か口話法か

校名の私立新潟聾口話学校が示すとおり、聾（唖）児に口話教育を行う学校として開設されたが、開設前、高助翁は手話による教育を考えていた。しかしながら、新潟医科大学に着任した鳥居恵二教授は、赴任前、文部省在外研究員としてドイツに留学していた。鳥居教授は留学中にベルリン大学フラタウ教授について口話法（読唇法）を学び、高助翁に口話法による教育を熱心に説いた。

そこで、高助翁は早速口話法による教育を試みていた名古屋市立聾唖学校を訪ねた。そこで日本語を話す聾（唖）児に感動し、当時口話教育の権威である西川吉之助の協力を得て、小和田愛、他２～３の教師を交互に名古屋聾唖学校に派遣し、口話法の講習を受けさせ、口話法教育による準備を怠らなかった。

こうして、新潟聾口話学校は口話法による聾（唖）教育を採用したのである。この口話法による聾教育の伝統は、今の新潟聾学校に引き継がれている。

（5）苦心惨憺の新校舎づくり

私立聾口話学校にて高橋助七翁と同校職員生徒
昭和5年5月15日創立記念日

こうして開校に漕ぎつけたものの、新潟聾口話学校には入学を希望する者が多く、夜間中学校の借用教室では間に合わず、開校当初から新校舎建設が喫緊の課題となっていた。そこで、高助翁は中村新潟市長や中川秋坪校長と相談し、豊照小学校運動場取り壊しに伴う古材木の払い下げと、カトリック教会チェスカ師から市内異人池畔の一部を借地して、新校舎を建てることにした。しかしながら、先立つ資金の目処が立たない。還暦を過ぎた高助翁は、ここでも老躯に鞭打って先頭に立ち、一切の公私の仕事を断って、半年間にわたり資金集めに奔走した。高助翁は後日、この苦労した資金集めを、「私もこの歳になったが、この秋くらい寄付金募集というものの苦味を味わったことはなかった」と述懐している。

こうして、艱難辛苦の末、総工費5500円の内、高助翁が1000円、ミス夫人が500円、市内の篤志家100余人による寄付金により、昭和3年(1928)11月25日、平屋木造新校舎が新潟市内異人池畔に完成した。

私立新潟聾口話学校の開校に伴い、聾口話学校後援会が組織され、高助翁は後援会長に就任し、副会長の中川校長、評議員の鳥居教授等と、私立としての財政的に厳しい学校運営や、聾（唖）児の学費や生活を支えた。病気で欠席する子どもがあれば、校長とともに病室を見舞い、不幸にして夭折する子どもがあれば、その家庭に車を飛ばして、その霊前に香花を捧げて弔意を表し、家人を慰めたりした。

高助翁の逝去された後も、この聾口話学校後援会長の職は彼の遺言により、令息庄松（高助翁の死後は助七を名乗る）に引き継がれた。この後援会には新潟市の篤志家だけでなく、新潟聾口話学校卒業生も加わり、聾（唖）者の同窓会的な役割も担っていた。

3 高助翁の人柄と晩年

(1) 社会福祉事業と高助翁

新潟市における近代的な社会福祉事業は、大正７年（1918）夏の米価暴落から始まる不況や、その後の関東大震災の甚大な被害、欧米から流入した大正デモクラシー思潮の影響を受けながら始まった。すなわち、明治期の篤志家による個人的な寄付や慈善行為から社会的・組織的な連帯へと広がり、経済的救済を目的とした公営社会福祉事業が萌芽を見せていた。

大正13年（1924)、新潟市が主導しながら、篤志家の寄付金を財源として新潟市をいくつかの地区に区分し、「方面委員後援会」を立ち上げた。次いで、昭和３年（1928）３月、これを会員組織に改め、「新潟市社会事業助成会」に改称し、本格的な社会福祉事業を開始した。昭和４年（1929）11月、高橋助七（高助翁）はこの会長に就任している。また、高助翁は、「新潟市社会事業助成会」の経営する有明松風園（男子結核養生ホーム）と信楽園（女子結核養生ホーム）の園長も兼ね、更に、昭和７年（1932）４月、細民救済のために設けられた「新潟隣保館」の館長も兼任した。

このように高助翁は盲・聾（唖）教育だけでなく、広く深く、新潟市の今に続く、近代的な社会福祉事業の草分け的な存在、育ての親としても大きな足跡を残している。

(2) 高助翁の人柄

言うまでもなく、高助翁は県立新潟聾学校の創立者である。しかしながら、高助翁の業績を見ていくと、新潟聾学校の創立だけに止まらず、明治・大正・昭和初期と、封建社会から近代日本が確立していく時期に、新潟県、とりわけ新潟市の実業界、社会福祉事業界の草分け的存在であり、生みの親であった。単なる慈善家、篤志家としてだけでなく、近代的な経営手腕をもち、近代という時代を見通す先見の明をもった、偉大な先覚者であったことが理解できると思う。創立した私立新潟聾口話学校の口話法による教育指導の採用にもそのことは見て取れる。

高橋助七刊行会が発刊した「高橋助七翁」(昭和9年12月刊) に記載された、高助翁の人間像を集約すれば、次の6つにまとめることができる。

① 日常生活は簡易質素で、勤勉力行の人
② 読書好きで、「墨絵の竹 (竹を墨絵に描く)」が趣味であり、若い頃から演説の稽古をしていた
③ 衛生思想をもった人で、規則正しい生活を心がけていた人
④ 施すことの好きな性分
⑤ 進歩主義的な思想の持ち主、終始一貫主義を貫く人
⑥ 聖書を愛読し、キリスト教を信仰 (家庭は仏教徒で、自身は仏式の葬儀)

これによれば、高助翁は志・信念の人である反面、新し物好き、欧米からもたらされる近代文明・思想も積極的に取り入れる進取の人でもあった。また、この著書に高助翁追悼文を寄せている塩野健太郎は、高助翁を、「外柔内剛の人、熟慮断行の人、臨機応変の人」と総括している。まさに、近代新潟を築いた典型的な明治人の一人と言っていいだろう。

(3) 高助翁の臨終

高齢にもかかわらず、各種の役職を引き受け、東奔西走の日々を過ごしていた高助翁は、昭和8年 (1933) 12月3日疲労を感じて床に伏した。最初は風邪だと思っていたが、なかなか回復せず、町医者の診察を受けても原因が分からなかった。数日して肝臓部の結節が隆起して痛み出した。

臨終の間際を悟った高助翁は、令息庄松を枕元に呼び、「私もお別れの時は来たと思うが、私が居なくなっても、あの聾口話学校だけは、是非、私に代わってやってもらいたい」という言葉を残して、息を引き取ったという。

時に、昭和8年 (1933) 12月22日午後3時15分、高助翁は80年に及ぶ波乱に富んだ生涯を静かに閉じた。

【高橋助七略歴】

安政元年（1854）12月29日、新潟市本町通五番町に生まれる
明治3年（1870）父（助七）逝去により、高助商店を継ぐ
明治5年（1872）割野モトと結婚
明治7年（1874）長男庄松誕生
大正6年（1917）新潟盲唖学校評議員となる（盲・聾教育との出会い、64歳）
昭和2年（1927）5月15日、私立新潟聾口話学校設立（夜間中学校の一室借用による）
昭和3年（1928）11月、私立新潟聾口話学校新校舎完成（異人池畔）
昭和8年（1933）12月25日、80歳で逝去する

〈参考・引用文献〉

高橋助七翁刊行会（1934）「高橋助七翁」新潟公友社
大谷勝巳（1992）「新潟県障害児教育沿革略史」㈱ 第一印刷所
新潟県教育委員会（1979）「新潟県特殊教育の歩み」㈱ 文久堂
新潟県立新潟聾学校（1999）「創立80周年記念誌」

（青木　仁）

11 樋口　均

～「体が不自由でも学びたい！」療育の精神から肢体不自由教育へ ～

要旨　肢体不自由児の教育は、医療における整形外科の発展とともに始まった。通常の学校へ通えない者は、就学猶予・免除され教育を受けることができない時代、東京帝国大学の整形外科医である高木憲次教授は、ドイツをモデルに整形外科の治療とともに教育の必要性を唱えた「療育」という概念を提唱し、これが全国へ広まっていった。新潟県でも肢体不自由児父母の会などを中心に療育する場の要求運動が活発になり、多くの関係者の尽力により昭和33年（1958）に肢体不自由児施設「はまぐみ学園」が県内に初めて開設される。

そこに併設される学校として県立新潟養護学校が設置され、初代校長に当時県保健体育課主事の樋口均が着任した。しかし、肢体不自由教育の指導経験がない教師達の手探りの教育実践と、限られた教室環境の中で悪戦苦闘が続くのである。手足の動かない子供たちの体育や音楽の指導、言葉が話せない子供たちの国語の指導、機能訓練の方法、重複障害のある子供たちの指導方法、自宅から出たことのない子供たちの社会性の育成など、当時の教師にとって未知の教育分野であった。医療を中心とする療育の精神から、肢体不自由教育の専門性の確立と普及を築くために樋口校長は突き進んだ。体の不自由な子供たちに、しっかりとした教育を受けさせたいという切なる思いで、肢体不自由教育の道を切り開いた教育者の足跡である。

1　肢体不自由児の「療育」のあけぼの

《明治から昭和初期の時代》

肢体不自由児の歴史は、整形外科の進歩とともに変化していく歴史である。そのため、戦前までは保健、衛生、栄養、医学などがまだ十分整っておらず、病気で亡くなる子供や体に障害のある子供たちも多く存在していた。しかし、障害のある子供たちは、根強い偏見の下に差別的呼称で呼ばれたり、学校に通えず教育も受けられなかったりする時代が長く続き、家庭でひっそりと過ごす者が多くいた。中には、見世物小屋で働かせられたり、体が弱く短命であったりする不遇の時代が長く続いていたのである。

樋口　均

(1) 肢体不自由者への療育理念の確立

このような状況の中、変化が起こるのは明治39年(1906) 東京帝国大学にドイツ留学から帰国した田代義徳教授が、我が国で初めて整形外科講座を設けたところからである。この整形外科が肢体不自由の治療に直接的に関与していくことから、飛躍的に障害の改善が見られるようになった。その後を継いだ高木憲次教授は、大正7年に治療と教育が受けられる「教療所」の設置を提唱する。そして、大正13年(1924) にはドイツ留学で見てきた「クリュッペルハイム」という肢体不自由者に治療と教育と職能を授与できる施設が必要と提唱していく。この考え方が治療と教育を合わせた「療育」という理念になり、肢体不自由児施設の基本的な考え方となっていくのである。

高木教授は、かねてより体の不自由な子供たちが、カタワ・アシナエ・カタチンバなどの蔑称で呼ばれていたことを大変懸念していた。障害のため学校に通えなかった少女が、下校する生徒にそのような言葉を浴びせられ、耐えられなくなって川に身を投じて亡くなってしまうという新聞記事を目にし、大変心を痛め、早く適切な名称を探さねばと意を強くした。またある日、障害のある患者から「自分の体について姿形で人から批判表現されたくない。不自由を感じているのは自分で、他人から批判される責務も負い目もない。」という話を聞き、高木は「肢体不自由」という呼称を提唱していく。これは昭和4年(1929) 頃のことであり、我が国にようやく肢体不自由者の療育理念が確立されてきた時代といえよう。

一方新潟では、大正6年(1917)、新潟大学に東京帝国大学から本島一郎教授が赴任し、初めて整形外科教室が開設された。これは全国で4番目という早さである。

(2) 療育事業施策と学校の設立

教育現場では、岡山県の体操教師であった柏蔵松蔵が、体操を免除された体の不自由な子供たちの寂しそうな顔を見て、この子たちこそ体操が必要と考えた。その後、彼は地元の師範学校の教師を辞め、研究のため東京帝国大学医学部整形外科に職員として勤めながら療育体操を研究した。柏蔵は、病院風ではなく学校風に訓練方法と共に教科を教える場を作りたいと考え、大正10年（1921）に私邸を開放し「柏学園」という私塾を作った。ここでは通えない者は寄宿させ、医療、教育、福祉に通じた「療育」を行なった。これが我が国はじめての肢体不自由療育事業施設となった。

この後、東京帝国大学医学部整形外科の田代教授、髙木教授の働き掛けによる調査で、昭和6年（1931）東京市で体操を免除されている者が700人もいることが分かり、肢体不自由児の学校を作ることとなった。昭和7年（1932）廃校になった尋常小学校を改修し、東京市立光明学校（現：都立光明特別支援学校）が設立される。我が国初の公立肢体不自由特別支援学校であり、学校設備、教職員構成、教育方法に独自のものをもっていた。

この後、児童福祉施設として髙木憲次氏の提唱した治療と教育と職能を授ける「クリュッペルハイム東星学園」が昭和14年(1939)に東京に開設され、次いでより現実的な施設として昭和17年（1942）に「整肢療育園」が同じく東京に開園を見る。

我が国において、肢体不自由児に対する治療と教育の必要性を形づくるモデルがようやく東京にできた時代である。

2 新潟県の肢体不自由教育のあけぼの

≪戦後間もない時代≫

(1) まず、児童福祉施設の整備

本県の肢体不自由教育が発展するには、先進都県が辿ったように幾多の苦難の道があった。終戦後、民主教育制度が導入されたが、肢体不自由で重度な者は就学猶予・免除となり、長い間自宅の一室で静かに過ごすことを余儀なくされていた。

昭和22年（1947）、学校教育法に養護学校の規定がされたが、強制力はなく戦後の混乱期の中、普及には長い時間がかかった。また、同年児童の福祉を目的とする児童福祉法も制定され、児童福祉施設の設置に向けた整備が図られた。

昭和23年(1948)、盲・聾学校が義務化された年、東京大学の髙木憲次教授が会長となり「日本肢体不自由児協会」が設立され、肢体不自由児に医学と教育の必要性が高まる運動が展開された。そして昭和25年（1950）頃から、全国の各地に肢体不自由児施設ができはじめていくのである。

(2) 肢体不自由児に対する教育の始まり

しかし、施設は治療と生活指導、職能指導を行う所であり、学齢期の児童生徒の教育問題が今度は顕著化してきた。施設入所児童に教育を受けさせるには、養護学校がない時代、近隣の小中学校に特殊学級を設置し教員を派遣することとなった。しかし、入所児童の居住地が施設と違うことから学校設置の市町村では費用負担ができず、その経費は施設が負担する場合が多く見られた。

新潟県では、昭和22年（1947）に医療と教育が必要な子供たちに対する教育の場として、身体虚弱と肢体不自由を合わせた「身体虚弱学級」が糸魚川市立糸魚川小学校に設置され、同年西頸城郡青海町立青海小学校には肢体不自由児３人を含めた「虚弱児学級」が設置された。これらの学級では、医師からの指示の下、個別指導の徹底が図られ指導されていた。これが本県における肢体不自由児に対する教育の始まりとされている。

(3) 樋口均と肢体不自由教育

新潟県の肢体不自由教育を切り開き、新潟養護学校の初代校長となる樋口均は、明治44年（1911）新潟市で誕生した。昭和５年（1930）高田師範学校を卒業し、新潟市内の尋常高等小学校に赴任して青年教師（訓導）として活躍した。

戦後、樋口は新潟市立湊小学校で勤務していたが、専門の保健体育の指導から、昭和25年（1950）に初めて設置された「養護学級（虚弱児）」を担当することとなる。まだ、本県において実践例の少ない中、手探りで指導法や教育課程の開発に取り組んでいた。39歳のことである。

翌年の昭和26年（1951）には、その教育実践が高く評価され、県教育委員会の保健体育課主事として教育行政に転任する。同年、新潟大学整形外科には第3代教授として河野左宙氏が就任する。後の初代はまぐみ学園長となる人である。その後二人は出会い、それぞれの立場で新潟県の肢体不自由児の教育と療育を築く重要な人物となる。

昭和27年（1952)、県教育委員会にいた樋口主事は学校保健係長となる。そして、県教育委員会主催で直江津小学校を会場に「学校保健研究会大会」を開催し、特別講演として新潟大学整形外科の河野左宙教授を招き、肢体不自由児に対する教育の重要性に関する講演会を行い、全県にその認識を広めていくこととなる。

昭和28年（1953)、文部省から「教育上特別な取り扱いを要する児童生徒の判別基準」の通達が出される。当時は、ポリオや先天性股関節脱臼が多く、「肢体（体幹と四肢）に不自由なところがあり、そのままでは将来生業を営む上で支障をきたす恐れのある者」とされてはいたが、自立のできる子(軽度肢体不自由で知的な遅れがあまりない）が多く、教育の目標も職業自立が目的だった。これを受け、樋口を中心に本県でも肢体不自由児の本格的な実態調査が行われた。その結果、小学校992名、中学校431名が肢体不自由と報告され、更にこれらの児童生徒が学校でどのような教育措置を受け

項　　目	小学校	中学校
障害児としての教育計画はない	8.4%	7.9%
障害児としての教育計画はないが、留意している	82.7%	84.2%
障害児としての教育計画をもって教育している	8.9%	7.9%

ていたかの実態は前頁下表のとおりである。

このように、本来個人ごとに教育計画をもって周到な教育が行わなければならない障害児の教育において、計画をもって指導しているものが10%弱という実状であった。

また、樋口は、結核を患って長期入院している子供たちが教育を受けられない状態でいたことに対し、その教育保障を考えた。柏崎や三条から多くの請願を受け、三条結核病院内に「療養学童学級」設置に向けて取り組み、昭和28年（1953）に完成した。病院に入っていても教育が受けられる環境が本県で初めて確立されたのである。この学級が後に三条養護学校（病弱養護）へと発展していく。

この他にも樋口は、学校保健、健康教育、健康優良学校表彰、養護学級（病虚弱児・肢体不自由児）経営指導を担当し、本県の健康教育と障害児教育の整備及び各種研究大会の開催を通して教員の資質向上に取り組んでいった。

このように、戦後の混乱期の中で、樋口は民主教育の導入を受け、新潟県の健康教育と障害児学級の整備を急がねばならぬという思いに突き動かされ、それを推進した教育行政9年間の歩みであった。

3　悲願「はまぐみ学園」の設立！

昭和29年（1954）から31年（1956）には、東京、大阪、愛知、神戸などの都市部を中心に、養護学校、特殊学級設置を求める保護者運動が活発化してきた。昭和30年（1955）には、本県でも多くの保護者や医療関係者などの尽力により「新潟県肢体不自由児協会」が設立される。翌31年（1956）には、「新潟県肢体不自由児父母の会」が設立される。また、肢体不自由児施設建設に向けて一人10円募金という運動も展開された。

これらの運動が功を奏し、昭和33年（1958）北村一男県知事の時代、本県にもようやく「はまぐみ学園」が設置されることになった。

学園は、診察・治療の関係から新潟大学整形外科近くの新潟西海岸の松林を造成し、赤い屋根に最新の設備を備えた設置となった。初代学園長には整形外科教授の河野左宙が就任し、本県における「療育」の灯はともされたのである。

しかし、まだ養護学校のない時代、入園する児童生徒に教育を行うのは、学園の近隣にある市立新潟小学校と寄居中学校の分校として教師を派遣して行うというものであった。開設当初49名の子供たちが入園し、小学校教諭3名と中学校教諭1名の4人で指導することとなった。

昭和33年に設置された「はまぐみ学園」全景

当時の本県は財政逼迫の中にあったが、学園の設立はそんな中で勇断をもって行われた。その当時のことを初代はまぐみ学園分校主任の北村豊作（後の月ヶ岡養護学校長）はこう述懐している。

「今でこそ福祉優先、すべての児童には学籍と教育が保障されていますが、当時はまだ就学猶予や免除がまかり通っても不思議とは思われなかった時代です。小児まひは伝染するからと地元から反対の声も上がったとか。一方では、県は赤字克服を重要課題としていた財政事情でありましたから、昇給延伸、公用車削減など危機乗り切りを図っておったご時世でした。赤字解消の鬼を自認していた北村一男知事をして、全国14番目の施設「はまぐみ学園」の建設を決断させたのは、かつて参議院員として中央政界におられた頃、登院の途中で出会う都立光明養護学校の児童生徒でありました。それぞれ装具を付け、クラッチ（杖）や車椅子で元気に通う明るい姿から受けた感銘であったと伺ったことがありました。」

ようやく教育を受けられる子供に対して、ある保護者は以下のように綴っている。

「思い起こせば私の長男が肢体不自由児なるが故に普通義務教育である小学校へも入学できず、ただ聴講生として雨の日も風の日も妻の背に負われて毎日通学していたあの頃、思い出深いものがあります。どんなに苦労しても不自由な息子に学問を身に付けさせたいと思う妻の心、自分の将来など気にもしていない当時７歳位の息子、今日それらの事を思い出すと私の体の中に複雑な感情が残ります。」

このように、医療・教育・保護者など、多くの関係者の思いを込めて、悲願の「はまぐみ学園」は開園したのである。

4　教育開始！「市立はまぐみ学園分校」から「県立新潟養護学校」へ

肢体不自由児の就学免除・猶予者数（S34）

病類別	免　除	猶　予
脊髄性まひ	11	24
脳性まひ	41	105
その他	2	28
計	54	157

戦後まもなく制定された学校教育法には、養護学校の条文はあったが施行は棚上げされ、知的障害児、肢体不自由児、病弱児等は教育を受けることができない状態でいた。昭和 30 年（1955）前後から、大都市部を中心に養護学校や特殊学級を設置して欲しいという保護者運動が活発化し、昭和 32 年（1957）に公立養護学校整備特別措置法が施行された。昭和 35 年（1960）には国からの補助金が予算化され、養護学校設置の動きが活発化していった。

本県における昭和 34 年（1959）の資料によれば、養護学校の対象となる児童の推定値は、右表のとおりである。さらに、当時精神薄弱児として取り扱われていた児童の中にも、相当数脳性まひ児が含まれていた。

（1）市立はまぐみ学園分校

昭和33年（1958）7月、潮騒の聞こえる新潟市西海岸の松林の中に「はまぐみ学園」は設置された。療育という名の下に医療と教育が一つになった新しい施設の出発であった。

開園当時、医療面では新潟大学整形外科の名声は高く、機能回復訓練、社会復帰にも実績を挙げていた。園長に河野左宙教授、副園長に志賀正之医長とする医療スタッフは、磐石の備えであった。一方、教育を担当する新潟市立新潟小学校と寄居中学校から派遣された４人の先生方は、肢体不自由教育の予備知識も経験もなく、何をしてよいのか想像もつかない状況で悪戦苦闘の毎日であった。

県立新潟養護学校開校式（S 35）

教室は、小学部低学年用の小さな教室が２つと運動室だけ。運動室も両側に分けて移動黒板で授業したり、机が足りなくなると卓球台を囲んで勉強したり、学園の訓練室も借用し教室代わりに使用したりしていた。限られた環境の中でそれでも教育の場を確保しようと必死で工夫を重ねていった。また、学校へ来られる子供たちは教室で普通授業を受け、来られない子供たちは教師が病室へ出向きベッドサイドで授業をした。時には、病室でベッドを寄せ合って授業をしていた。しかし、子供たちは治療や訓練もあるため、教室へは看護婦（当時）や保母（当時）が頻繁に子供たちを連れて出たり入ったりしている状態だった。

そんな中、医療スタッフと連携を図りながら、医学的知識、生活指導、教室学習、ベッドサイド学習、機能訓練、行事運営等に取り組んでいた。どのような形が「療育」なのか、手探りの船出であった。

一方、入所する子供たちは、在園期間のみ治療と教育を受けることができたが、退園後も特別な保護管理の下で就学が必要な子供たちが相当数いた。しかし、当時彼らの学校や施設はなく、退園すると再び学びの機会が奪われてしまう子供たちも少なくなかった。

このような状況から、昭和34年（1959）に新潟県肢体不自由協会長、はまぐみ学園長、新潟市立新潟小学校長、同寄居中学校長、新潟市肢体不自由児父母の会会長の連名で、肢体不自由児のための県立養護学校設立について、陳情書が県教育委員会に提出された。

県教育委員会で担当する樋口均は、これらの陳情を受け止め県立養護学校の設置に向け動き出した。このとき、樋口は、文部省が養護学校設立補助事業を開始すること、そして医療が必要な肢体不自由の教育が先行され、全国にある施設内特殊学級が養護学校化していく動向を掴んでいたに違いない。新潟県も補助事業をやるなら今だと確信した。そして、昭和35年（1960）「はまぐみ学園」に設置された市立小中学校の分校はついに県に移管され、悲願であった肢体不自由養護学校が本県ではじめて誕生する。設立に東奔西走した樋口はその舵取りを任され、初代校長として着任するのである。樋口校長実に49歳の船出であった。

（2）県立新潟養護学校

昭和35年（1960）、県民の悲願を受け開設した県立の養護学校だったが、場所はこれまでと同様で「はまぐみ学園」の中に置かれた小さな教室2つと小ぶりの運動室しかなかった。赴任した樋口校長は課題山積で、当時をこう回想している。

「発足当初は市立分校をそのまま移管したために、100名の児童生徒に対して4教室という教室事情で、やむなく教職員室を開放したり、運動室を間仕切ったりした臨時の教室で、学習を行っていた状態でありました。晴れた日には、松の枝に黒板をかけての青空教室、松林内でアコーディオンによる音楽教室、松の木の間を走り回ったり、サッカーや野球などで障害にめげず元気いっぱい動き回ったりしておりました。

また、手術後ベッドにあって教室へ出られない児童があるとはいえ、編成の都合上、1学級20数名の学級もでき、担任の苦労は並々ならぬものでしたが、教職員の定数はぎりぎり一杯で、手のかかる脳性まひ児童を主体とした学級にはどうしても補助が必要であることは分かっていてもどうすることもできず、授業時数の確保はおろか、1時間の授業時間も半分は子供たちの世話や雑用に追われ、満足な学級活動もできない有様で、今さらながら分校発足当初の先生方の苦労が偲ばれるのでありました」（昭和38年『はまぐみ学園　五ヶ年の歩み』より）。

このような状況を打開すべく、樋口は県への要望を幾度も重ね、ようやく昭和38年（1963）に新校舎の増設をしてもらったが、それも間もなく満杯の状態となった。それだけ、県内には体の不自由な子供たちが治療と教育を受けられずに多く存在していたのである。

独立校舎となった県立新潟養護学校全景（S45）

しばらくすると、「はまぐみ学園」を退園した子供たちは、地元の小中学校へ転学する者もいたが、多くは在宅に戻り就学の機会が途絶える者も多かった。このことを、樋口はきっと以下のように考えていたに違いない。

「せっかく学ぶ機会を得て生き生きとしている子供たちから、再び教育を奪うことはできない。治療が終わり障害の状態も改善されたというのに、このまま在宅では体も元に戻ってしまう。何とか訓練しながら学び続けられる方法はないのか……。はまぐみ学園内では教室設置も限界に来ている。退園する子供たちはこれからも増え続けていくだろう。病院内の学校では限界だ……。そうだ！　独立型の養護学校だ。学園を退園した子供たちは、もう一つの養護学校へ来て訓練と教育を受けられるようにすればいい！」

父母の会をはじめ関係者もこの独立型養護学校の設置を熱望し、関係者と共に県財政の厳しい中、根強く懇願を重ねていった。そして、ついに新潟市東区海老ヶ瀬の地に県立新潟養護学校の新校舎は設置されたのである。昭和38年（1963）の夏のことであった。それと同時に、はまぐみ学園内の学び舎は県立新潟養護学校はまぐみ分校となり、本校と分校のそれぞれの役割を担い、その後、兄弟校として教育を進めていくのである。

(3) はまぐみ分校の子供たち

「はまぐみ学園」が開設して間もなく、在学する児童生徒は100人前後となり、入退院の激しい学校となった。また、障害状況を見ると、次表のような経緯が見られる。ポリオと先天性股関節脱臼が約7割を超えており、脳性まひ児が3割弱となっている。ポリオは四肢に力の入らない運動神経麻痺などが見られるが、知的障害はなく学力的には優秀な児童生徒も多かった。そのため、学習する内容は小中学校の課程を中心としていたが、障害に対しての指導方法がまだ十分開発されていない時代だった。(新潟県教育委員会昭和54年『新潟県特殊教育の歩み』より)

この頃、全国における肢体不自由児の障害状況については、次のような傾向がみられた。

○ 昭和30年代は、ポリオウィルスによる急性ウィルス感染症（一般的に小児麻痺）が主となり、その後ポリオワクチンの普及により激減していく。併せて、先天性股関節脱臼の生徒も多かったが、早期の発見と治療の普及により昭和40年代には減少していく。

○ それに反し脳性まひ児は、全国養護学校長会の調査によると昭和39年(1964) 51.1％だったものが昭和49年（1974）には69.5％と年々増加していく。学習の遅れを伴う脳性まひ児は重複障害として、肢体不自由と認知特性等の違いから、知的障害児とは別の視点からの実践研究が必要となって

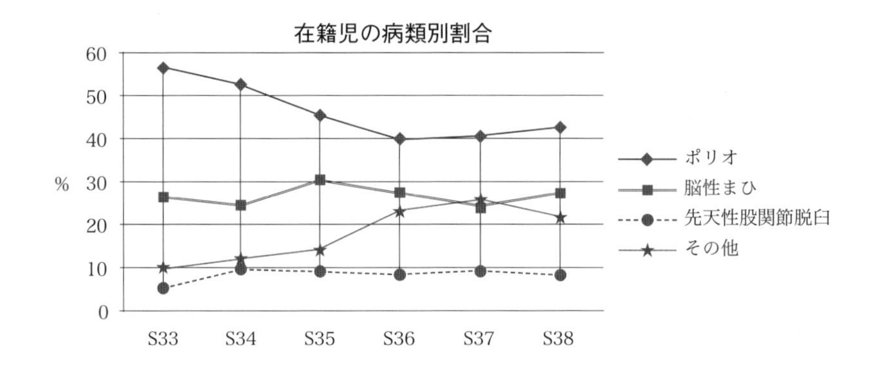

きた。

当時、県立新潟養護学校はまぐみ分校の記録に以下のような記述が残されている。

「脳性まひ児の機能障害の程度は著しく重く、教師の介助とすること多く、学習時間の３分の１にも及ぶ時間を費やす。したがって脳性まひ学級や障害の重い学級では、一学級６から８人に減ずることを考えねばならぬ。二重障害児のための特別学級や児童指導員や保護を中心とした保育的学級の設置を考えねばならない。」（はまぐみ学園　昭和38年『はまぐみ学園　五ヵ年の歩み』より）

重度重複障害児の指導方法は確立されておらず、何をしてよいのか、どう指導すればよいのか教師たちは迷っていた。

(4) 指導方法を確立せよ！

この時代、教師はどのような指導を行っていたのであろうか。記録を辿ってみる。

子供たちは、学年もばらばらで障害の状態も一人一人異なり、二部、三部の複式指導をせざる得ない状況であった。職員も毎年少しずつ増えていったが、一クラス10数人の肢体不自由児の学級で、指導に混迷をきたしていた。

しかし、当時の教師達は手探りの中で必死に肢体不自由児の指導法を研究していた。以下は、校内研究のテーマ遍歴である。

年　　度	研　究　活　動　テ　ー　マ
昭和33年度 (1958) （市立はまぐみ学園分校）	・肢体不自由教育の在り方 ・複式学級における学習指導法 ・療育資料（性格・行動の見方と記録の仕方）について
昭和34年度 (1959)	・療育効果に対する調査（学校関係） ・肢体不自由児の社会性発達に関する調査
昭和35年度 (1960) (県立新潟養護)	・養護学校教員養成講座の長期受講 ・本校体育の実際 ・改訂学習指導要領の研究

昭和 36 年度 (1961)	・道徳教育の研究 ・肢体不自由児の教育の実態調査 ・学園退園児童の学校生活の実態調査
昭和 37 年度 (1962)	・不自由児学級における小集団活動（その実践と問題点の分析） ・研究発表 ①行動及び性格の記録 ②肢体不自由児における機能障害とそれに対する意識の関連性について ③肢体不自由養護学校教育について
昭和 38 年度 (1963)	・施設併設校の教育課程 ・音楽教育を通しての表現活動 ・児童研究のあり方の再検討 ・授業研究（理科、音楽、社会、学習指導の実際と問題点の分析）

研究活動は、日々の学習をどのように子供たち一人一人に定着させるかという、一授業研究から始められた。言語障害の子供たちの国語はどうあるべきか。機能障害児の音楽の学習（特に器楽学習）はいかにあるべきか等々……。それらの問題は多岐に渡り、手探りの授業が繰り返されていた。しかし、音楽では、全校器楽合奏など計画的に学習の場が開拓されていった。そして、肢体不自由児の多くが遠ざかっていた教科に体育がある。昭和 35 年（1960）に機能訓練と体育を教育課程の中に正しく位置付け、どのように実践していくかを研究として取り組んだ。その中で、学級体育と集団体育という指導形態が生まれ、その成果を研究発表することができた。

また、体に不自由のある子供たちは、長い間学校に通えなかったり、外出ができなかったりすることから、社会性の育成に大きな課題を抱えていた。昭和 37 年（1962）の実態調査から、「肢体不自由児の社会性の貧困」に対する指導法について再度検討を重ね、その糸口を学級内小集団活動に求め実験学級を置いて実践した。この成果は全国肢体不自由研究会で発表され多くの反響を得たのである。

先例や指導経験のない中、当初は砂の中で宝を探すような途方もない作業だったに違いない。しかし、県立に移管した昭和 35 年（1960）には、次回改訂予定の学習指導要領の研究が進められている。専門的知識を有する樋口校長の着任と情熱ある職員集団により研究活動はより深められ、昭和 38 年（1963）の学習指導要領肢体不自由教育編へ結び付けて研究活動を重ねていったのである。

この他、当時の記録から下記のような課題もみられている。

【学習指導上の問題】

○二部、三部の複式学級指導及びその学習指導方法の問題

○訓練時間と学習時間の割合（授業時数は最高で 77% しか達していない）

○治療で欠課した補習学習・課題学習の工夫（復帰後も学習の差が生じないようにすることは至難の業）

○教材教具の選定考案

○入・転・退学による学期ごとの学級編成替え

○実験学級として設定されたベッド学級の指導態勢

○脳性まひ児や二重障害児などの重症児の指導（学校教育以前の内容を重視）など

5　肢体不自由教育を普及させねば！

(1) 手引書の編集を通して「療育」の理念を全国に

樋口均は、昭和 35 年（1960）の校長就任とともに、文部省の「肢体不自由養護学校設置のために」の手引書編集委員としても活躍していた。当時、国でも養護学校の整備は医療と密接に関係のある肢体不自由教育が最優先と考えられていた。先行的に取り組んだ樋口は、教育行政時代の実績も合わせて評価されていたが、文部省の業務を通じて更に全国へ発信していた。翌 36 年（1961）に手引書が完成した。それを契機に昭和 30 年代後半から、施設内特殊学級が養護学校へと独立の機運が高まり、各地で養護学校設置運

動が盛んになっていくのである。当時、医療と教育が一緒になる「療育」のモデルとして、はまぐみ学園内の新潟養護学校は荒木文部大臣の視察を受けている。

(2) 研究会等を開催し肢体不自由教育の普及を

しかし、樋口は建物ばかり作っても子供たちは変わらん、教育方法がなければ何もならん！　と実感していた。これから急いで肢体不自由教育の普及をせねば……と考えていた。

出来たばかりの新潟養護学校を会場に各種研究会を開催し、肢体不自由教育の先進的な役割を担っていった。昭和36年（1961）には新潟大学教育学部吉田専吉助教授らと研究懇談会を開催し、肢体不自由児教育の有効性について教育界全体へ発信した。翌年には、台湾教育視察団の学校参観を受け入れたり、全国養護学校教頭会議を新潟養護学校で開催したりした。更に、養護学校教員免許認定講習会の開催会場とするなど、学校施設、研究成果をフル活用していった。昭和43年（1968）からは特殊教育教育課程研究の指定研究や関ブロ肢体不自由教育研究会を2回に渡り新潟県で開催し、学校開設後のわずかな期間の中で県内外へ精力的に発信していったのである。

当時の職員は、そんな校長のある日の姿を振り返っていた。

「着任早々のことでした。目の前で脳性まひの子がクラッチ（杖）を滑らせて転倒したので起こしてやったら婦長さんから叱られたと話していると、樋口校長先生は『それが東大・髙木先生の好意ある無関心だよ』と話してくれました。」

手を出してすべて助けてあげるのか、見守り育てていこうとするのか、その教師にとって初めて触れた肢体不自由児教育の指針だったに違いない。

このような樋口らの努力が実り、昭和44年（1969)、ようやくすべての都道府県に肢体不自由養護学校が整備された。

(3) 学校の整備に奮闘

昭和38年（1963）に新潟養護学校が海老ヶ瀬の地に移転してから、樋口はさらに学校の整備に力を入れていく。全県の肢体不自由児を対象としていくことから、昭和39年（1964）には遠距離の子供たちも学べるよう寄宿舎を設置した。図らずもこの年、新潟地震が起こり、寄宿舎生の安全を図るため他校へ移したり、水の中を掻き分け県庁に報告に行ったりしたと当時を振り返り話している。翌年40年（1965）には、歩くことが困難で自力で通えない子供たちのためにスクールバスを整備した。昭和41年（1966）には高等部を設置し義務教育終了後の学びの場をいち早く設置した。昭和45年（1970）には体育館が完成し、新潟養護学校創立10周年という大きな節目を迎えたのであった。

(4) 教育から福祉の世界へ

しかし、この頃から高等部を卒業した子供たちの行き場所が大きな問題となってきた。特に、脳性まひなどの重度の障害のある子供たちが在宅にならないようにするために、学校卒業後の課題がのしかかっていた。この問題は、教育から福祉の世界の話になり、関係団体や父母の会、行政などあらゆる関係者と協議を重ねていかねばならなかった。

退職を控えた昭和46年（1971）、当時の君健男知事が小規模で、県が施設を設置し民間が運営する「ミニコロニー構想」を進めていたこともあり、関係者とともに私立の心身障害児授産施設「新潟もぐらの家」後援会を設置してその理事に就任した。

6 まとめ

(1) 樋口均はなぜ養護学校の先生になったか

昭和47年（1972）の春、12年間粉骨砕身で築き上げた新潟養護学校を樋口均校長は退職する。はまぐみ学園の狭くて十分な教室や教材もないところから、数名の先生方と切り開いてきた新潟養護学校は、全国に名を馳せる肢体不自由養護学校として、多くの学校や先生方を牽引してきた。樋口がいなければ本県の肢体不自由教育の礎は築かれなかったことであろう。

ある時、筆者は、樋口校長になぜ養護学校の先生になったのか尋ねたことがあった。「私は、保健体育の教師だったからね。体の不自由な子供たちのことをほっとけなかったんだよ。」と、笑顔交じりで優しく答えてくれた姿が印象的であった。この言葉から、大正時代、我が国で始めて肢体不自由児の私設学校を開校した体操教師の柏蔵松蔵が重なった。体の健やかな成長を育てる教育を学んだ者が、体の不自由な子供たちの教育に取り組まなくてどうするか。自分こそが取り組まなくてはならない。健康な体を知っているが故の情熱だったのではないかと思いを馳せている。

(2) 福祉の世界から教育を見つめて

樋口均校長は、退職後、福祉充実に向けた新たな取組に向かっていくのである。昭和 47 年（1972）に新潟県肢体不自由児父母の会連合会副会長、昭和 49 年（1974）に県の委嘱によりミニコロニー基本構想に基づく社会福祉法人設立準備事務局員、昭和 50 年（1975）「新潟みずほ福祉会」理事、昭和 51 年（1976）社会福祉法人新潟みずほ園（ミニコロニー）の副園長に就任して、卒業後の生徒の受け入れ態勢を関係者と共に先頭に立って整備を続けていった。

一方で樋口校長は、退職後、教師仲間と新潟養護学校の見える海老ヶ瀬の畑地を借り、野菜作りを楽しむ姿ももっていた。新潟養護学校を一歩離れた所から見つめ、畑の土を耕しながら学校を築いてきたことを思い、子供たち一人一人を育ててきたように野菜を大切に一つ一つ育て、作業の合間に汗をぬぐいながら学校を見守っているのがとても楽しかったという。それは、独り立ちした子供を、離れて優しく見守る父親の姿そのものであった。

(3) 消ゆることなし

樋口均校長は 74 歳を迎えた時、数々の教育と福祉に対する尽力と功績から、昭和59年（1984）の春に勲4等瑞宝章を叙勲された。その際、かつての職員から送られた献歌がある。

手足萎（な）えて 舌ままならぬ子らのため
灯（とも）せしあかり 消ゆることなし

叙勲当時の樋口夫妻（S59）

その後、病に倒れ養療を続けていたが、平成10年（1998）11月21日、ついに永眠する。享年86歳であった。

新潟県肢体不自由教育の父と呼ばれた樋口均の生涯はここで終わったが、彼の遺した「療育」の理念は「消ゆることなし」である。

【樋口均の略歴】

明治44年（1911）8月15日　新潟市にて誕生
昭和 5年（1930）高田師範学校本科第二部卒業、坂井輪村小針尋常高等小学校訓導
昭和25年（1950）新潟市立湊小学校の養護学級(虚弱児)を担当
昭和26年（1951）県教育委員会保健体育課主事
昭和35年（1960）新潟県立新潟養護学校　初代校長就任
昭和39年（1964）文部大臣から教育表彰受賞（学校保健会への貢献）
昭和47年（1972）退職、新潟県教育委員会から教育表彰受賞（県学校教育への貢献）
昭和50年（1975）「新潟みずほ福祉会」理事
昭和51年（1976）社会福祉法人新潟みずほ園（ミニコロニー）の副園長に就任
昭和53年（1978）文部大臣から教育表彰受賞（特殊教育への貢献）
昭和57年（1982）新潟もぐら会理事長、新潟県肢体不自由児父母の会連合会会長
昭和59年（1984）勲4等瑞宝章を叙勲（教育・福祉への貢献）
平成10年（1998）11月21日永眠（享年86歳）

〈参考文献〉

新潟県教育委員会　昭和54年（1979）「新潟県特殊教育の歩み」
肢体不自由児施設はまぐみ学園　昭和38年（1963）「はまぐみ学園　五ヵ年の歩み」

県立はまぐみ養護学校　平成5年（1993）「はまぐみ養護学校開校記念誌」
県立新潟養護学校　平成22年（2010）「50周年記念誌　新養 五十年誌」
筑波大学附属桐ヶ丘特別支援学校編　平成20年（2008）「肢体不自由教育の理念と実践」
（ジアース教育新社）
県立東新潟特別支援学校関係資料　他

（髙橋　淳）

12 教育者療友会

～結核の教師が血を吐く思いで病弱児のための養護学校を設立～

要旨　国民病としての色合いが強かった結核は、戦後の混乱期の中でも猛威を振るっており、多数の人々が療養生活を余儀なくされていた。国立新潟療養所（現独立行政法人国立病院機構新潟病院　柏崎市）には、年齢を問わず国民のあらゆる層の人々が療養していた。当然、教師もいた。彼らは休職が長引けば退職に追い込まれるので、死の恐怖と戦いながら教育者療友会（結核患者の教師の会）を組織し、教職員組合と連携しながら行政に身分保障を訴えていた。

昭和27年（1952)、入院して教育者療友会（以下教療会）員となった笹川芳三は、ある日病院内を散歩していると病衣姿の子どもを見て驚く。更に、成人したにも拘わらず「坊、坊」と呼ばれている療養者にも驚愕する。幼くして入院したのだが、成人になった今でもそう呼ばれ続けているのだ。そして、子どもたちの中には、自らを「生きている死骸」などと叫ぶ姿に、彼らが義務教育なしで過ごし、ずっと「教育ゼロ地帯」に放置されていることに愕然としたのである。

そこで笹川は、教療会に呼び掛けるとともに、医師や行政にも働き掛け、病院内の療養学童のための学園づくりに奔走する。教療会は、病状悪化による死の恐怖と戦いながら、また、友の死や自殺者の死を乗り越え、正に血を吐く思いで活動を続け、学童のための教育施設「新療学園」の誕生に漕ぎ着ける。この学園は、その後病弱児のための県立柏崎養護学校（現柏崎特別支援学校）へと引き継がれることになるのだが、結核の教師ら「教療会」が自らの命を顧みずに誕生させたその功績は、教師魂のなせる業か。

1　教育者療友会（結核患者の教師の会）

(1) 結核で療養する教師

戦前から戦後にかけて結核による死亡者数は死因順位のトップであり、死亡率（死亡者数に対する結核による死亡者数の割合）は昭和15年（1940）12.9％、昭和22年（1947）12.8％、昭和25年（1950）13.5％と、約13％前後（「日本病弱教育史」全国病弱虚弱教育研究連盟）を推移していた。結核は、正に国民病としての地位を不動のものとしていたのである。

昭和27年（1952）当時は、全国的に結核患者が最も全盛期の頃で、国立新潟療養所にも750人ほどの患者がひしめいていたという。そこには職業や年齢を問わず、国民のあらゆる層が含まれており、教師も例外ではなかった。当時、新潟県下で毎年120名を越える教師が療養のため休職していたという（「創立20年誌　豊けき朝」県立柏崎養護学校）。

当時の教師の身分保障は貧弱なもので、県の休職特例法が廃止されたために、休職6か月で自然退職という悲惨な実態であった。教師は結核という病と闘いながら退職となり、社会の底辺に置き去りにされるという不安の中に追い込まれていたのである。

(2) 佐々木毅と教育者療友会

昭和23年（1948）、佐々木毅は、教師の身分保障の脆弱さを打破すべく、休職特例法の復活や療養期間の延長等を中核に据えた活動組織、教育者療友会（以下教療会）を組織した。「創立20年誌　豊けき朝」（県立柏崎養護学校）によれば、佐々木毅の経歴等を以下のように記している。

「佐々木君は高田師範附小訓導から広島文理大附小教官となり、戦後、少壮気鋭の校長として西頸木浦小へ帰ってきたのだが、広島原爆後の学童対策に東奔西走した言語に絶する苦闘のかげりに倒れてしまった。制度の改変めまぐるしい時で、本県の休職特例法もご破算となったために胸にプロンベ（注：結核菌の活動を封じ込めるために肺に埋め込んだ合成樹脂の球）をつめたまま退職の悲運に追い込まれる。……」

佐々木は初代の教療会会長であるが、病状悪化で昭和25年5月、会長を佐藤仙一郎に譲り副会長に退いている。教療会はこの年、県教職員組合と連携した全県的組織として新潟（教員保養所）や高田（上越病院）（注：原本による）等に支部を結成するが、母体となった新潟療養所に本部を置くことになった。そして、対県交渉や国会対策に奔走することとなるのだが、この活動は会員の病状悪化や死、県教員名簿からの削除（退職）等の苦難が重なり、誠に過酷なものであった。

当時、パスやストレプトマイシンという新薬が使われはじめ、肺切除術なども行われるようになってきたが、「結核＝死」という構造は依然としてして変わっていなかった。「創立20年誌」には、運動の過酷な状況と、教療会の運動に対する佐々木の信念が以下のように綴られている。

「当時の社会情勢のなかで、ベッドに呻吟する者に課された課題としては、この運動はあまりにも残酷であった。そのために病状が悪化し、療養が長引く。これにまさるきびしさがあろうか。しかし『同病同憂の信義と友情に期待する。これが病床にあるものの使命なんだ』という彼（佐々木）のことばのもとに教療会の運動が展開された」

(3) 病状の悪化による頻繁な役員交代

結核教師にとって、正に血を吐く思いの運動であったので、教療会役員は病状の変化によって頻繁に交替した。創設当時からの役員は大変短期交代であったが、その実態を「創立20年誌」から以下に示す（数字は昭和の年月）。

会　長　佐々木　毅　23～25.5（改組）
　　　　佐藤仙一郎　25.5～27.8（退職前の調整）
　　　　丸山　員弥　27.8～28.12（本部を新潟教員保養所に移す）
副会長　長野　岱助　23～25,5（改組）
　　　　佐々木　毅　25.5～27.8（病状悪化）
　　　　朝倉真佐男　27.9～27.12（退所）
　　　　半間　博次　27.12～28.9（病状悪化）
　　　　笹川　芳三　28.9～28.12
幹事長　長野　岱助　25.5～27.3（退所）
　　　　笹川　芳三　27.3～27.8（手術前）
　　　　坂爪　順一　27.9～27.12（病状悪化）
　　　　斎籐　精二　28.1～28.3（手術前）
　　　　高橋　徳光　28.4～28,12

役員交代が頻繁となる背景には役員の病状の深刻さがあるのだが、副会長当時の佐々木や他の役員がいかに血を吐く思いで活動をしていたか、これも

「創立20年誌」から垣間見ることができるので、以下紹介する。

「佐々木君は、胸につめたプロンベの動く不気味な音を気にしながら、県教組の大会に出席して実情を訴えた。佐藤氏は痰コップを持ったまま自動車を走らせた。看護婦を介添えにして出県陳情した者もある。倒れるのではなかろうかとおののきながら車中の人となり、帰療してはストマイを打つ、氷を胸に当てる。全く正視するにしのびない運動であった」

このように、佐々木が組織した教療会は教師の身分保障を活動の目的とし、役員の交替を頻繁に行いながら過酷な活動を展開するのだが、更に、これから述べる療養学童の教育保障も活動の目的に追加し、一層血を吐くような困難な活動が展開されるのである。また、この活動の最中、佐々木自身にも災難が訪れることとなるが、それについては後述することとする。

2 笹川芳三「教育ゼロ地帯」との遭遇

(1) 成人しても「坊」

後に教療会の幹事長や副会長、会長を歴任することとなる笹川芳三は、昭和27年(1952)1月30日に新潟療養所に入所した(注:笹川著の「柏崎物語」では、昭和26年9月より3年間療養とある。長男壮一氏によれば、一度入所してから自宅に戻り、翌年1月に再入所したようだという)。彼は自覚症状が無く、排菌も無いので元気だと思っていたが、突然休養を命じられ、誤診ではないかと思ったという。しかし、結局入所することとなった。当時、確立50%といわれていた胸郭成形手術を受けねばならないという死への恐怖があり、昨秋以来精神的ショックで打ちのめされていた。

入所以来ふさぎ込んで病棟から出ない日を過ごしていた笹川は、3月のある日、快晴に誘われて気晴らしにと売店へ出かけた。その時、驚きの光景を目の当たりにするのであるが、この時の様子を座談会で次のように述懐している。

あれ、この病院に、あんな子どもがいる!!

「……。入りましても、ふさぎ込んでいるものですから病棟から出ないでしたね。気晴らしに売店へ行くと、佐々木君が子どもと遊んでいる。病衣姿の子どもをみて『ここにもあんな小さな子がいるのか』とね。それがまあ驚きでした。またね、成人した人を『坊、坊』と呼んでいるんです。あんな大きい人を、何で『坊』と呼ぶんだろうと思っていたら、ここで成長して成人に達した者を、依然として『坊、坊』と呼ぶ……（笑い）これは大変じゃないか。（笑い）多分にあわてたという気持ちですね」（創立20年誌）

笹川芳三

(2) 教育ゼロ地帯の認識

佐々木と遊んでいた子（笹川の記述では女子）は4歳で入所し、この時6歳であった。「坊」と呼ばれている青年は少年期から療養生活を続けていたという。いずれも就学年齢に達したが、療養生活を余儀なくされていて義務教育の手が届いていないのである。療養のために教育を受けないのが当然という不思議。しかし、不思議が不思議でなくなっている世界、つまり、長期療養の子どもが当然のように「教育ゼロ地帯」に放置されていることに、笹川は愕然としたのである。

そこで笹川は、療養学童の情報を得ることや、この子らの教育について療養所の所長等に働き掛ける運動を立ち上げていくのである。

看護婦（現看護師）の手を借りて入手した情報では、1病棟に1名、3病棟に1名、5病棟に2名、9病棟に3名、11病棟に3名、計10名（小1年から中2年）の療養学童が確認された。当時の新潟療養所は東西に細長く建設され、東西1200 mに渡る12の病棟から構成されていたが、療養学童は大人の病棟の中にバラバラに混在していたのである。これらの療養学童も、設置校の学籍から「学齢満期につき削除」の運命が待っているのであった。当然ながら、「坊」と呼ばれる大人の数はここにはカウントされていな

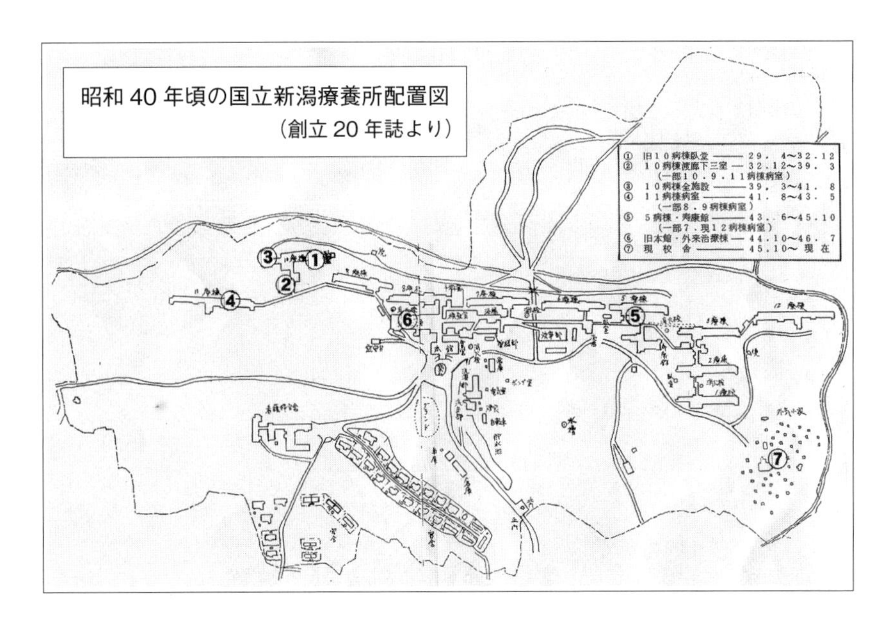

昭和 40 年頃の国立新潟療養所配置図
（創立 20 年誌より）

いのである。

また情報によれば、入所予定でありながら待機している患者の中に学童がいるらしいし、貧困による療養費の問題や世間体もあり、肺病（結核）をひた隠しにされている学童もいたようだ。

(3) 生きている死骸

笹川は、生きる希望を閉ざされた療養学童の心の叫びを綴っているが（創立 20 年誌）、これがいつどのように採取されたかは不明である。しかし、療養学童のこの叫びが、笹川を「教育ゼロ地帯の解消」へと行動させる大きな原動力の一つになっていると思われるので、ここに一部を紹介する。

あきらめればいいんですね。あきらめれば　らくになるのですね。(女)

くじけたくないと思うのです。でもね　カラッポのまま　また年をかさねるのです。(男)

道端の名もない草　だれも友だちになってくれない。ゲタで踏みつけられ

て　頭を折られ　それでもがまんして　自分で自分をなぐさめる。(女)

あゝ　汽車がいく。ぼくを置きざりにした汽車がいく。(男)

ゴミにまじったオモチャのかけら。わたしは生きている死ガイ。(女)

そうだろう。ぼくの胸の中には　明るい若人の血潮が火のように燃えていたのだ。それなのに　一瞬のうちに社会の人々から区別される人間となってしまったのだ。ぼくの心は暗く　希望はだんだんうしなわれていく。(男)

わたしが何をしたというのです。ちっとも悪いことをしないのに　何故わたしだけが苦しまなければならないのです。(女)

ヤブレカブレの人生、勝手に生きていくだけだ。(男)

わたしは療養生活にはいってから1年半になります。健康な友だちに別れてからの1年半は　わたしの生活に何を与えたのでしょうか。健康な友だちは一日一日と学校で学び、りこうになってゆくのに、わたしは一日中、ベットの上で何をする事もなく暮らさなければならないのです。あきらめきれないのです。(男)

3 教療会の血を吐く戦い

(1) 療養学童のための教育施設を

当時の県教委資料によると、昭和26年度（1951）文部省指定統計では、新潟県小学生34万2千人に対し肺結核患者529名、その他の結核患者を加えると結核患者は計1780名にのぼっていたという。これは200人に1名という高い罹患率であった。

笹川芳三や教療会は、文部省指定統計の結果や新潟療養所の実態等を踏まえ、療養学童が「教育ゼロ地帯」に置かれている現状を脱し、「教育復権」を目指す運動を提唱する。昭和27年3月21日、教療会はこの運動を教療会の新事業として決定する。

新事業の主な主張は以下のとおりであった。

・療養学童に対し、療養管理と教育管理の両立をはかること

・療養学校は上中下越および佐渡の4施設とすること

・中越施設としては新潟療養所に県の委託ベッドを置き、療養学校を併設すること

・新潟療養所に対しては、所内に療養学校を併設してほしいこと

この主張は、昭和28年12月に教療会本部を新潟保養所に移してからは大きく修正、縮小されるが、笹川は「現実的な主張に固まっていったというべきか」とも述べている。

教療会は、差し当たりの具体的な活動として療養学童の小1（女子）を対象に、療養中の結核教師による勉強を開始した。ベッドの片隅で家庭的な雰囲気というヒューマンな活動ではあったが、全くの非公式な教育活動であった。

(2) 一歩先んじた三条養護学園（後三条療養学園）の誕生

昭和27年（1952)、当時の教療会員は所内で42名であった。彼らの活動は病と戦いながらも広範で精力的に展開された。新潟療養所長の木村元を始め、教職員組合関係では伊藤義男（柏崎刈羽郡書記長）や三井田立身（柏崎市書記長)、行政では樋口均（県学校保健係長）や近藤祿朗（柏崎市教育委員長）や井坂行男（文部省事務官)、議会関係では石黒武久（県議）など、多くの関係者とコンタクトを取った。

この活動の中で逸速く前進の兆しが見えたのが、県立三条結核病院の第二期工事に関わる小児病棟増築計画のニュースであった。増築に当たり、行政が「療養学校」への計画も研究しているという情報に接し、教療会は側面的援助をしようと請願書を作成することとした。急ぎの仕事となったが、この作成は病棟の消灯までに仕上がらず、便所の入口に毛布を敷き、便所の電灯の光を頼りに匂いの中で仕上げたという逸話が残っている。

昭和28年（1953）1月26日、第二期工事が完了した県立三条結核病院には、三条小学校と第一中学校の分教室としての療養学園が開設された。「新潟日報」は1月27日付で次のように報じたという。「県立三条結核病院に三条小の分校として療養学童学級開校さる。小児病棟に入院せる小33名の

うち21名、中9名のうち5名をテストケースとして26日開校された」(注：この記述は「創立20年誌」による。全国病弱虚弱教育研究連盟：「日本病弱教育史」、大谷：「新潟県障害児教育沿革略史」によれば療養学園開校は2月10日。新潟県教育委員会：「新潟県特殊教育の歩み」によれば、28年の三条養護学園は市内の三条小学校、第一中学校の分校として小学部2名、中学部5名の生徒、計7名で開校とある)

(3) 苦難の戦いの中で療養学園を目指す

三条療養学園の開設がとんとん拍子に進む一方で、新潟療養所における療養学園の開設運動は困難を極めていた。

困難は、セクト的な行政上の問題がまずあった。国立機関と県立機関という自治行政の立場の問題、厚生省所管と文部省所管という縦割り行政の問題である。しかし教療会は、木村元所長や県教職員組合と連携しながら、県教委、県議会、文部省、国会等への地道で苦労の多い運動を続け、少しずつ目的に近づいていった。

新潟療養所内では、教師による私塾的な指導をもっと効率的で公的な指導に格上げすべく、各病棟バラバラな療養学童を1個所に集める計画が進められた。それは一般患者の転床を伴うものであり、その理解を得るのも困難が伴った。しかし、苦労の甲斐があって、平成27年10月1日には10病棟を学童病棟に指定することとし、さしあたって2室をこども部屋にすることを決定した。

その後も、所長や医師、看護婦等、多くの職員の協力を得ながら療養学園の開設を目指す運動が展開されるのであるが、ここにきて大きな衝撃が教療会を襲った。

それは、子ども部屋発足直前に、教療会を立ち上げ初代の会長を務めた佐々木毅が、自らの生命を絶ったことである。彼は危険度の高い手術を控えていたのだったが。また、幹事長の坂爪順一も、足の手術後病状が好転せずに自らの生命を絶った。

この命を絶つ教療会幹部について、「創立20年誌」では、「惨酷な人の世の非常に胸を締め付けられる」「哀切な悲しみを秘めた運動であった」という言葉で記している。

4 療養学園の誕生に向けて

(1) 続く茨の道

笹川芳三らは、教療会幹部の死や、病状が思わしくない多数の会員を抱えているという悪条件を乗り越え、療養学園の設置にむけた活動を精力的に行っていくことになった。「創立20年誌」には、昭和27年からの精力的な取り組みが丹念に綴られている。そこには、療養所側の誠意ある対応とともに、教療会の熱心な取り組みが垣間見える。

学童病棟での私塾的な指導は試みられるが、冬期間の学習指導は教師には堪え難かった。看護婦の用意した火鉢もあったが、教室の空気は冷たい。また、学童病棟までの700 mの廊下は「シベリア街道」と称され、体の冷えは病気に追い打ちを掛けた。こんな中で、英語学習の冬期間休講の措置がとられるなど、学園誕生は茨の道であった。

また、行政における療養学童の教育対応についても実態調査の域を出なかったし、国立機関に県立機関を置いて教育を推進する話もなかなか進展しなかった。

2年足らずではあるが、遅々として進まない療養学園問題に、希望の芽を摘まれた思いの療養学童からは、当然厳しい反発があった。

(2) 子どもの反発

昭和28年（1953）11月13日、療養学童の反発は、教療会を通して新療会（新潟療養所に入所する患者の会）宛てに抗議の手紙という形で現れた。「創立20年誌」からその内容を抜粋すると以下のようである。

われわれは子ども部屋に集められているだけでしかない。

教療会の先生方の好意はありがたいが、それは私的なものでしかない。われわれは私的な好意に甘えるのは、もうたくさんだ。友だちは中学時代を終わり、高校へどんどんすすんでいくのに、俺たちはじっとがまんしていなければならないのか。……

新療会は患者運動に夢中になっておりながら、いつまで俺たちのことを放っておくのか。いつまで役に立たない勉強をさせておくつもりなのか。俺たちをどうしてくれるのだ。

また、彼らがザラ紙にメモした内容の一部も紹介する。

「ことしも冬がやって来た。寒さはきびしくなってくるし、雪も降ろう。われわれは空しくテキストを閉じて、ペンを投げ捨てて、その手を頭ごとふとんの中にもぐりこまねばならんのだ」

「冬がわれわれのはかない夢をペチャンコにした。一週一度の英語をうばってしまった。暖房設備もなく、大黒板もなく、一本のチョークすら治療室から借りる有様が夢をうばったのだ」

「われわれと同じように学校へ行けない不幸な病人が世間には多いだろう。われわれは彼らに対してもわれわれ自身のためにも、こういう施設を生かしてもらう権利はあるんだ」

「勉強したい、病状の許すかぎり勉強したい」

「われわれは一体、だれに頼ればいいんだ。だれにすがればいいんだ」

教療会員は胸が痛んだ。この抗議は新療会ではなく、教療会で受け止めることにした。そして、連日幹事会を開き、まず所長の決断を得ること、市教委・県教委への働き掛けを続けること、教療会会員による指導スタッフの構成、市内小中学校からの支援の方策等を討議した。

(3) 療養所側、ついに学園創立を決断

教療会の活動の中で、もっとも身近な存在である療養所との対談は、十分

学園開設に力を注がれた先生方
(左から石黒、笹川、丸山、高橋)

に回数を重ねたようである。そして、子どもの抗議に対する解決策を探る中、療養所側の大きな決断の下に学園誕生を迎えていくのである。

「創立20年誌」には7回ほどの対談の様子が掲載されているが、学園創立への重要な対談となるものについて、その一部を紹介する。

〈第4回対談　昭和28年(1953)12月15日〉

所側高沢療棟長、教療会側丸山員弥会長、笹川芳三副会長、高橋徳光幹事長の四者会談。

子どもの要望を汲み、教療会による指導スタッフを構成するが、病状により不安定である。実のある具体策や公的性格をもった学園が必要。そのため、国立機関に県立機関を置くことの可能性の促進、文部行政と厚生行政の調整の促進。市内学校からの講師の派遣。

〈第5回対談　昭和29年(1954)1月30日〉

所側木村所長、教療会との対談。

療養学童問題解決の全国的テストケースとして、学園開設の勇断を所長に願う。18日に起こった学童部屋からの一人抜けだし事件は、その元凶を考えるべき。学園の発足は、まず市教委と連絡を密にして解決を。

〈第6回対談　昭和29年2月6日〉

所側木村所長と電話対談。

木村所長と柏崎市教育長との要談結果についての話があった。結核教員の試験勤務場所として、療養所にベッドを持ちながら勤務させることは可能性があるという。教療会にはその任に当たれる者がいるので、療養学園までもう一歩。

〈第７回対談　昭和 29 年２月 19 日〉

所側木村所長と対談。

木村所長から４月に学園を開くとの連絡があった。笹川、丸山、内山、石黒らの教療会員は、あまりの嬉しさに気が遠くなりそうだった。そこで、試験勤務者（指導スタッフ）として、主任に丸山員弥、専任に石黒通夫の両氏を推薦し、カリキュラム作成等には教療会が全面協力することにした。２月 19 日は、教療会にとって記念すべき日となった。

新しい療養学園の誕生に関わった教療会会員は多数であるが、特に中心となって活躍した教師たちは前ページの写真に示すとおりである。ようやく教療会の念願が叶って、療養学童のための学園が誕生する運びとなり、子どもも結核教師も胸をなで下ろした日々であった。また、その学園の命名に当たっては、内山平治の発案で「新療学園」となったことも附記しておく。

５　新療学園の誕生から公的な教育機関へ

（1）新療学園の基本的事項

学園誕生に当たっての諸準備の中で、昭和 29 年（1954）３月 16 日、丸山、石黒両氏と熱田第 10 病棟長とで、学園運営の基本的事項が話し合われた。その決定事項は以下のとおりである。

①全員を参加させて、病状を観察する。

②ホームルームを充実させて、生活指導と情緒安定の指導に万全を期す。

③生徒が喜んで授業に参加するよう、指導に留意する。

④学習指導は義務教育未修了者を主体とする。

⑤療育体制を崩さない学習活動であること。

こうして、療養所の中に療養学童のための教育機関「新療学園」が、医療や行政等の支援の中でスタートすることになったのである。

(2) 新療学園開校

昭和29年（1954）4月3日、柏崎市教育長の臨席を得て、新療学園の開校式が挙行された。2市6郡に及ぶ男子8名女子8名の生徒。丸山、石黒の両指導者とこれを支えるスタッフ8名。このときの教療会員は45名であった。

現在、県立柏崎特別支援学校では、この新療学園の開校を創立記念日として設定している。

(3) その後も続く苦難の道

教師の派遣や教療会の協力を得て新療学園はスタートしたものの、その運営は私塾的な域を出ず困難が続いた。丸山、石黒両氏の試験勤務期間が切れそうになり、延長を求めたりした。未認可の学園に県費職員の配置など、この不安定な立場からの脱却のために、その後も苦難の道は続くのであるが、教療会はもう一頑張りするのである。

昭和29年（1954）5月10日、教療会は、厚生大臣、文部大臣、県知事宛に陳情書を送った。その主たる内容は以下のとおりである。

①結核による療養学童、生徒の教育に関する立法措置について

②国立新潟療養所に於ける療養学童の教育にモデルケースとして積極的な施策を

この陳情内容は、結果として文部省を動かすこととなった。昭和33年（1958）1月29日付文部省初等中等教育局長より厚生省医務局長、各都道府県教育委員会宛「国立療養所における入所児童の教育について」の通達がそれである。

この前年、昭和32年（1957）10月1日、三条養護学園は県立に移管され県立三条養護学校が開設された。一方、新療学園は昭和33年4月1日、柏崎市立大洲小学校、柏崎市立第三中学校の分校として認められ、ようやく公的な教育がスタートすることになった。

その後、昭和38年（1963）8月、新療学園は県に移管され県立三条養護

学校柏崎分校となる。実は、前々から三条養護の分校という話が出ていたが、病弱児のための学校は、こちら（新療学園）が本家本元として断っていた経緯があるのだという。

新療学園は昭和 41 年（1966）4 月 1 日、県立柏崎養護学校として独立するのであるが、私たちは、笹川芳三を中心に、教療会が療養学童のための教育機関づくりに奔走し、療養学童の「教育ゼロの解消」のために苦難の歴史を歩んだことを強く心に刻みたい。

6 教療会が病弱教育に果たした意義

特別支援教育の立ち上げに教師が関わった事例は少なからずあろうが、教療会のように病気の教師が病気の子どものために、正に血を吐く思いで立ち向かった事例は特筆すべきであろう。笹川芳三を中核にした教療会が、「新療学園」の誕生をもたらした運動の意義や役割を、筆者は次のように考察している。

① 強く働いた教師魂

昨今、教師は聖職者というよりサラリーマン化した労働者だと揶揄される。聖職者か労働者かという議論は別にして、「新療学園」創立の運動は、聖職者としての教師魂の成せる業であったと思っている。

結核教師の身分保障運動の中で、「教育ゼロ地帯」に置かれている療養学童の姿に驚愕し、彼らの教育保障に命を掛けた教師集団が存在したことは、教職経験者として誠に誉れである。しかし、彼らの運動は誠に過酷であった。教療会を組織し初代会長を務めた佐々木毅氏は、子ども部屋発足の直前に病状悪化で自らの命を絶った。また、役員の坂爪順一氏も病状悪化で自らの命を絶った。そんな過酷な状況の中でも彼らの目的が貫徹され得たのは、死者を含めて強い教師魂が働いた結果であろう。

② 結束は力となる

「新療学園」の誕生には、多くの関係者の力の結集があった。教療会はそれらの関係者に労を厭わず粘り強く働き続けた。木村所長を始めとする療養所の職員、教職員組合、市や県の教育委員会、文部省や厚生省など、数え上げればきりがない。それら関係者への働き掛けによる「信頼」と「人の和」によって結束が図られ、目的が達成できた。

健康状態の悪い中で、力を結束するために会合に参加した教師の逸話は幾つか残っているが、特に病気を押しての教職員組合への参加とその主張には、「刈羽教組は結核教組だ」と言われたという。彼らの行動は、組合の理解と結束を強固なものにしたのだ。

③ 先行されても自らの運動効果を喜びとして

新潟療養所「新療学園」創設の運動途中、県立三条結核病院の中に三条療養（養護）学園の設置が先行したことを述べた。教療会は、この運動の本家本元は自分たちであるとはいえ、「教育ゼロの解消」が他地域でも進むならと協力を惜しまなかった。

このような例は知的障害児のための学校創設運動にもあった。県立高田養護学校（現高田特別支援学校）の創設運動（「米一升運動」に代表される運動）では、予想に反して県立月ヶ岡養護学校（現月ヶ岡特別支援学校）が先行した。

いずれも、自らの目的や運動が他地域にも波及し、成果を先行されることになるのだが、障害児の教育の充実を思い、それをも喜びとして捉えながらの運動の継続には、深く頭が下がる思いがするのである。

④ 地域や全国をも牽引するモデルに

教療会の運動の精神は、その後地域や全国に引き継がれ、大きな成果をもたらすこととなった。その最初の成果は、前述した三条結核病院に療養学園が誕生したことであろう。

そして、県立柏崎養護学校の誕生後、病弱教育の研究実践活動、全国初めての高等部（筋ジス）の設置、全国病弱虚弱教育研究連盟理事長校（全病連事務局校）などに、その建学の精神は脈々と受け継がれることとなった。病弱教育を牽引する全国的な先進校となる意識は、今日まで息づいているのである。

【新療学園から県立柏崎特別支援学校へ】

新療学園は、誕生後、幾多の変遷を経て県立柏崎特別支援学校へと歩む。その後の沿革を略記する。

・昭和 29 年（1954）4 月　新療学園と称する。
・昭和 33 年（1958）4 月　柏崎市立大洲小学校、柏崎市立第三中学校の分校新療学園となる。
・昭和 38 年（1963）8 月　県に移管され、新潟県立三条養護学校柏崎分校となる。
・昭和 41 年（1966）4 月　独立して新潟県立柏崎養護学校となる。
・昭和 45 年（1970）10 月　第一期校舎建築工事完了し、筋ジス児新校舎へ移転する。
11 月　関東甲信越地区病弱教育研究大会を開催する。
・昭和 46 年（1971）4 月　病弱養護学校として我が国初の高等部（筋ジス児）が設置される。
・昭和 48 年（1973）10 月　全国筋ジストロフィー症児研究大会を開催する。
・昭和 49 年（1974）7 月　開校 20 周年記念式典を挙行し、記念誌「豊けき朝へ」を発刊する。
・昭和 54 年（1975）10 月　関東甲信越地区病弱教育研究大会を開催する。
・平成 8 年（1996）10 月　第 37 回全国病弱虚弱教育研究大会新潟大会を開催する。
・平成 13 年（2001）5 月～平成 15 年 5 月　全国病弱虚弱教育研究連盟理事長校（全病連事務局校）となる。

【笹川芳三の略歴】

明治 44 年（1911）3 月 28 日　柏崎市田町で生まれる。
昭和　4 年（1929）高田師範学校本科 2 部へ入学。
昭和　5 年（1930）高田師範学校を卒業。安田小学校勤務から教員生活に入る。
昭和 14 年（1939）高田師範専攻科入学。
昭和 15 年（1940）再び教員生活。

昭和 20 年（1945）7 月召集をうけるも、10 月解除。
昭和 21 年（1946）教員生活。
昭和 26 年（1951）9 月より 3 年間新潟療養所（途中一度退所し翌 1 月再入所となる）で療養。入所学童のため「療養学園」の設立運動をはじめる。
昭和 30 年（1955）柏崎市教育委員会指導主事。
昭和 35 年（1960）「こどものための柏崎物語」発行。
昭和 37 年（1962）石地小学校長。
昭和 44 年（1969）比角小学校長を退職。
平成 元 年（1989）市政功労者として柏崎市より表彰。
平成 5 年（1993）2 月 19 日逝去（享年 82 歳）
（注：長男壮一氏によると、「父は入院する時に、書類や身辺の物を燃やして片づけていたと姉が話していた。当時のことだから結核は生きて帰れないということを覚悟していたと思われる。父は左片肺を切除し、そのために左肋骨、左肩甲骨が無い状態で左肺がぺちゃんこだったので、大変な治療・療養だったと思う」と語っている）

（「子どものための柏崎物語」「柏崎百年」等の著者略歴から）

【参考文献】

笹川芳三（1960）「こどものための柏崎物語」柏崎日報社
笹川芳三（1969）「柏崎百年」柏崎週報社
新潟県立柏崎養護学校（1975）創立 20 年誌「豊けき朝へ」㈲本間プリント
新潟県教育委員会（1979）「新潟県特殊教育の歩み」㈱文久堂
全国病弱虚弱教育研究連盟（1990）「日本病弱教育史」デンパン株式会社
大谷勝巳（1992）「新潟県障害児教育沿革略史」㈱第一印刷所
丸山昭生（2007）「教育 0 の解消」㈲北越出版
新潟県立柏崎特別支援学校（2013）「平成 23 年度学校要覧　～病気の治療を受けながら学べる学校～」

※ 本稿の笹川芳三に関する部分は、長男壮一氏のご校閲を受けています。ここに感謝申し上げます。

（丸山昭生）

13 計良益夫

～「壺中（島）の真」を守って～

要旨　佐渡は歴史的にも、文化・教育の先進地といわれているが、特殊教育の分野でも、小学校特殊学級の設置は昭和 28 年（1953）吉井村立吉井小学校で、県下で３校目であった。

計良益夫が特殊教育に身を投じたのは、赴任した真野町立真野小学校で、担当学級の保護者の相談からだった。その主旨は「A子の弟（発達遅滞児）の教育のために、吉井小学校にあるような学級をつくってもらえないか」との強い願いだった。

奇しくも、吉井小学校の特殊学級担任が計良の恩師だったので、学級設置の経緯や学級経営などについて指導を受け、その時点から彼の特殊教育への進路が定まったという。

特殊学級の設置要請が実現し、計良が担任に就いたのが昭和 38 年 (1963) だった。

そのころ県内では、児童養護施設にそれを設置する市町村の小・中学校分教室制が施行され、火災直後で再建中の新穂村立新星学園新穂中学校分教室担当に選ばれたのが計良だった。計良は「前例もない任務で、無我夢中の３年間だった」と述懐している。

さらに、佐渡の「言語・難聴教育」の拠点校を金井小学校とする構想が具体化し、その担当主任に計良が抜擢された。金井小学校の９年間、言語・難聴教育の研究、実践に専念し、「佐渡の計良」の評価が全国的にも高まり、「読売教育賞」「博報賞」などに輝いた。

その後の計良の足跡を辿ると、障害児教育に取り組んだ成果は言うに及ばず、教育・福祉に果たした地域貢献は他に類を見ない。

1　特殊教育との出会い（真野小学校時代）

計良益夫が海辺の小規模校から昭和 33 年（1958）に転勤した真野小学校は、佐渡の国中（くになか）地区の大規模校で、彼にとっては未経験の教育課題も多かった。

その一つが、知恵遅れの子どもの教育であった。担当クラスの保護者からの相談で、「特殊学級制度」の全国状況を知り、教育誌等でもそれを確かめた。

計良益夫

校内には、担当学級に限らず、かなりの該当児が数えられ、その保護者たちが連帯して学級設置運動を拡げていることもわかってきた。

島内の特殊学級の設置状況はまだ吉井小学校の1学級だけで、その担任が計良の国民学校時代の恩師だったことも特殊教育への道を速めた。

それを契機に、昭和28年(1953)に発足した「佐渡精神遅滞児教育研究会」にも参加してから、特殊学級の必要性を痛感し、熱心に学級設置を校長に要請し続けた。

この願いが叶って、昭和38年(1963)に学級設置が実現し、彼は担任に就いた。

昭和40年(1965)6月に、県教育委員会が主催する「新潟県特殊教育研究会」が、佐渡で初めて両津市立南中学校で開催され、全体会で計良は研究会のメインテーマ「普通学校に於ける特殊学級の経営」について提案発表をしている。その全体指導で、中村憲三指導主事(後の高田養護学校長)から高い評価を受けている。なお、その発表準備で「新潟に行って、尊敬している中村與吉先生(当時、新潟市立明生園長)に教えを請うた」とも話している。

2 施設内分教室を任されて(新穂中学校時代)

先送りされていた精神薄弱児(児童養護施設入所児童)の学校教育措置について、ようやく明かりが見えてきたのが、昭和30年代の後半からである。

当時、県内には11か所の児童養護施設があり、応急措置の観もあったが、施設設置自治体の小・中学校の分教室で対応することになった。

昭和34年(1956)に、佐渡全域を対象として設置された新穂村立「新星学園」もその一つで、学園内に小・中学校の分教室が併設された。その担当に、真野小学校で特殊学級を起ち上げ、学級運営の手腕が評価されていた計良益夫に白羽の矢が立てられた。計良は、真野小学校特殊学級担任1年で新穂中学校にスカウトされたことになる。

この人事が内定したころ、新星学園が出火で全焼し、新穂中学校に置くことになった小・中学校の分教室の運営を計良が統括することとなり、力量を発揮している。

なお、昭和37年（1962）に文部省通達「言語障害児の教育措置」があり、その分野も学ぼうと県立教育センターの研究員を願い出て、「言語発達の指導」をテーマに研鑽を積み、その成果をまとめたのも新穂中学校分教室時代だった。

3 健康学級の担任になって（両津小学校時代）

昭和43年（1968)、計良益夫が請われて転勤した両津小学校の「健康学級」は、佐渡で最初の病弱学級で、学級運営や指導法など佐渡では前例の無い分野で、彼は指導計画の作成や教材・教具の準備で奔走した。

そのころ、地理的にも佐渡の中心にある金井町立金井小学校に、言語障害児の教育センター的機能を設けようという構想が具体化してきた。この構想には、文部省が推進した「言語・難聴児の教育措置の推進」があり、県内でも拠点校（以下、センターという）を設けて対応するという計画が進行していた。

佐渡でこの構想を担うことができるのは、「計良しかいない」ということで、在任1年で「健康学級」を後進に託した。

4 言語指導教室のチームリーダーに（金井小学校時代）

(1) ことばの教室の開級

センターを担うことになった計良益夫は、この「言語・難聴教育」の専門的資質・指導力を高めようと、昭和44年（1969）金沢大学教育学部に内地留学し、「特殊教育特別専攻科　言語障害児教育専攻」で研鑽に励んだ。この間、ことばの教室の設置構想の策定と開設準備に精魂を込めて取り組んだ。

「佐渡・ことばの教室」が開級したのが昭和45年（1970）9月である。

その教室は、佐渡10市町村の財政的支援によるところが大きく、運営や指導の実践が特異な例として、全国的にも注目されてきた。

「佐渡・ことばの教室」が軌道に乗りだしてから、計良は全国規模の研究会や講演会でも発表を数多く重ね、「佐渡の計良」の名がその分野で定着してきたのである。

(2)「佐渡・ことばの教室」について（全国発表要旨　計良益夫）

昭和51年（1976）全国言語・難聴教育研究会　— 神戸市 —

Ⅰ　組織と運営

1）教室の位置づけ・運営組織

「佐渡・ことばの教室」は、島内10市町村の特別負担金によって昭和45年に開設された特徴のある教室である。

① 佐渡の広域性（地理的条件）、言語・難聴児の在籍状況から、金井小学校に本教室（センター）を置き、3地区の拠点校に分教室を設けて対応する。

② 教室の管理運営は「金井小学校言語障害児治療特殊学級の管理運営に関する規則」の定めによる。

③ 指導教員の本務校は金井小学校とし、分教室の指導を兼務する。

④ 関係予算は、島内10市町村の負担金で賄う。

⑤ センター及び分教室の施設や備品等は、設置校校長の管理下に置く。

2）指導対象児の選定と指導

① 指導対象児は、教室管理運営規則、入級規定等の内規に従い、運営委員会、判別委員会、金井小学校長・教頭の管理のもとで選定される。

② 対象児童には、小学校就学前の幼児も含まれる。

③ 指導区分は、通級指導、巡回指導、訪問指導、相談および母親

指導も含む。

④　センター及び分教室は、３人の指導教員が担当する。

３）指導の場と管理者

①　教室（センター）と分教室、管理者（　）内数はセンターまでの距離

◎金井小(センター)校長・教頭　◎分教室・両津小—校長—(12㎞)

・相川小－校長—（16㎞）

・羽茂小－校長—（30㎞）

②　金井小学校（センター）の特殊学級（昭和49年現在）

・ことばの教室—２学級—担任２人—45年設置—分教室も担当

・難聴教室　　—１学級—担任１人—48年設置—分教室も担当

・精神薄弱学級—１学級—担任１人—39年設置

③　分教室設置の背景　—地域の地理的条件—

・佐渡は新潟市から船で２時間30分(およそ67㎞)の離島である。

・周囲約278㎞、交通機関は自動車でバス路線の無い地域も多い。

・遠距離からセンターに通級すると全日も要する該当者も多く、拠点校に分教室の設置が必要である。

Ⅱ　指導対象幼児・児童数（昭和50年８月時点）

・構音障害—22人　・声の異常—16人　・脳性マヒ—６人

・どもり—78人　・言語発達遅れ—10人　・かん黙—９人

・難聴—６人　・その他—32人　　　合計—179人

Ⅲ「ことばの教室」担当教員の確保

言語・難聴教育担当者には、医学的・心理学的な専門性が求められる。

その人材確保は、佐渡に限らず県内の言語、難聴学級は、担当教員確保・養成に苦労しなければならなかった。（この「専門性」には、１年間の内地留学が条件となっていた）

既に内地留学で研鑽を積んだ計良は、適任と期待できる若手を積極的に勧誘し、関係校長と協議・依頼し、確保と養成に腐心している。

Ⅳ　運営の実際 — 分教室（地域）訪問指導

「佐渡・言葉の教室」は、島内の訪問エリアを３区分し、区域内の中心校に分教室を設け、訪問曜日・時間を定めて計画的に指導にあたる。

＊四輪駆動車の受領

分教室へは、定期バスかマイカー・マイバイクで訪問することになるが、その実績が新潟日報社に評価され、昭和52年５月に同社創立35周年記念事業として、「巡回指導車」（スバル・レオーネ）の寄贈を受けた。

Ⅴ　分教室への地域支援体制

分教室を設置する学校をもつ３市町村に限らず、分教室を利用する幼児・児童が在籍する町村・地教委・学校のいずれもが指導室の確保、指導時間の配慮、保護者との連絡などに最大限の配慮・支援を厭わなかった。

～　Ⅵ・Ⅶ・Ⅷは省略　～

Ⅸ　さいごに

離島が故に、「担当者の研修」が大きな課題となっている。

「ことばの教室」が我が国に誕生して十数年、巡回や訪問指導が実施されてから数年、新しい道はいずれの方向に見ても問題が山積し、暗中模索の毎日である。

(3)「佐渡・言葉の教室の先生たち」

— 金井小学校のＰＴＡ新聞に載せた修理（しゅうり）吉十郎校長の教室紹介と職員賛辞 —

「こんにちは　くまさんだ」　　「クマサンダ」

「こんどは　つばめさんがきた」　「ツバメサンダ」

大柄な計良先生が床に膝をつき、かがみこんでカードを取れば、腹ばいになった未就学の６歳児が元気に復習する。

「こんどは電話をやろうね　ほら鳴った」 ピョンと立ち上がる。

「もしもし」「モシモシ」 子どもの発音に不確かさはほとんどない。二人は飛び回わる。先生の額に浮かんだ汗が、やがて玉になる。

計良とスバル

マンツーマンのおよそ1時間の言語トレーニング。隣の部屋では母親がじっと待つ。佐渡金井小学校の「ことばの教室」の1シーンである。

「きょうは　これでおしまい　またね」 先生は隣室で待つ母親と、子どもの最近の様子などについて話し合いに入った。

〜中略〜

発音や声のおかしい子、ことばの発達の遅れた子、どもりの子、口蓋裂でことばにならない子、難聴の子たちを指導する先生たちの努力は、際限がない。

20年もの経験者、計良先生の指導のコツは、なんといっても子どもと仲良くすることが一番。とにかく無条件で全面的に受け入れ、一緒に活動すること。それと保護者との本音の付き合いが必要だという。

難聴教室では、発音のくずれを防いだり、正確な聞き取り訓練などに重点をおいて指導している。

現在、「ことばの教室」「難聴教室」を計良先生と二人の先生が担当しているが、校内指導のほかに島内3分教室への巡回指導などで毎週のスケジュールはビッシリと組み込まれている。

私は、「障害児教育は別枠の仕事ではなく、まぎれもなく学校教育の一分野です」と言い続けてきた。

「世の中には、多くの心豊かな人に囲まれて、障害のある子どもたちも、自分の命の限りを尽くして、楽しく生きていけるでしょう」と。

大佐渡・小佐渡の山脈は冬の気配。午後から計良先生は、30キロも離れた羽茂小学校分教室の指導に、新潟日報社から贈られたスバルのハンドルを握っていた。

それを見送りながら、訪問を担当する先生たちの交通安全を祈念するのが私の常である。

(金井小学校ＰＴＡだより　昭和52年11月号)

(4) 栄えある受賞

計良益夫は、金井小学校「ことばの教室」に在勤中の業績が高く評価され、以下のような栄誉に輝いた。

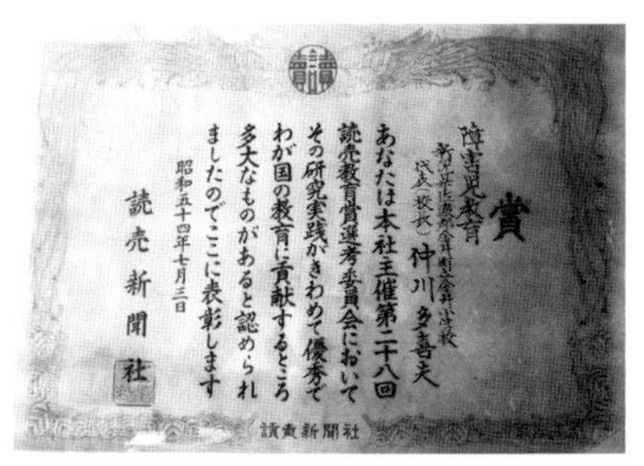
賞

障害児教育

代表(校長) 仲川 多喜夫

あなたは本社主催第二十八回
読売教育賞選考委員会において
その研究実践がきわめて優秀で
わが国の教育に貢献するところ
多大なものがあると認められ
ましたのでここに表彰します

昭和五十四年七月三日

読売新聞社

読売教育賞

【読売教育賞】(学校賞) 読売新聞社　昭和54年(1979) 6月「言語・難聴教室の指導と運営について」

【博報賞】(個人賞) 博報児童教育振興会　昭和54年(1979) 11月「佐渡・ことばの教室」の運営について

【博報賞】(学校賞) 博報児童教育振興会　平成6年(1994) 11月「ことばの教室の運営と障害児の指導について」

5 新星分校の初代教頭に（新潟県立新潟養護学校教頭時代）

児童養護施設内に設けてある小・中学校の分教室が県に移管され、該当する県内11の施設内分教室が条件の整ったところから県立の養護学校の分校になったのが、昭和53年(1978) 4月からである。新穂村立「新星学園分教室」もその年、新潟県立新潟養護学校に移管された。

その「新星分校」の初代・新任教頭に任用され、他校で経験できない任務をこなしたのが計良益夫である。この人事こそ「適材適所」だったと言われている。

在任の7年間、3人の校長に仕えたが、いずれの校長も「肢体不自由教育」

が専門だったこともあって、初期のころは特に、次のような諸問題に翻弄され「試行錯誤の毎日だった」と述懐している。

① 本校（肢体不自由児教育）と分校（精神薄弱児教育）の障害種が異なる。
- ・教育理念、教育史、教育目標、学習内容、指導法など、共通理解が困難。
- ・校長不在で4月1日以降に校務分掌が決定するのでは、新年度準備が遅れる。
- ・人事、予算……緊急時の判断等……分校、離島であることのハンディが大きい。

② 交通が海路だけである。
- ・校長との連絡手段が、文書と電話が中心とならざるを得ない。
- ・校長と職員の関係が非常に疎くなる。

このような学校運営上の困難を抱え、校長の職務の大半を委ねられ、それに応えた計良の評価は高かった。また、それを機に、県内の画一的な分校制度の課題も明らかになり、分校独立に向けた構想の検討を早めた要因にもなったとも言える。

悪条件の下で、計良教頭が改善に向けて苦労し、成果を上げた主な業績を挙げると以下のとおりである。

① 在宅訪問教育体制（島内10市町村）づくり
- ・広大なサービスエリア（東京23区に匹敵）における、不便な交通手段、予算不足の改善。（昭和55年度の訪問対象児は18人）
- ・訪問担当教員の確保。
- ・校内全体研修や個人研修の機会と場の確保

② 独立を前提にした校舎・体育館の建設
- ・校舎―県の建築課の設計で、現場の要望が反映されにくい中、要望を続けた。
- ・体育館―予定地が施設（県立新星学園）のグラウンドで、用地確保の調整で時間の浪費が続いたが、その調整に努めた。

③ 学校給食の実施に努力

・予算不足もあって、自前の給食施設設置が見送られ、学校給食は全面的に施設依存となっていた。教育諸活動が制限されることが多かったので学校給食の実施に努力したが、結果は実らなかった。

④ 全島に開かれた学校づくり

・障害児教育の相談センター的機能（出前相談会、授業公開、就学指導支援）の構築。

・島内の特殊教育研究会、障害児福祉団体の相談役。

6 校長時代

計良益夫は、6年間の校長時代を送った。この間の主な業績は以下のように集約できる。

(1) 月ヶ岡養護学校長（昭和60～63年度）

・3分校（魚沼分校、ふなおか分校、あけぼの分校）もの校長兼務は、計良が最後になったが、新星分校での経験が生かされ、組織の正常化・機能強化が図られた。

① 分校への定期訪問日の実施

② 分校教頭との定期合同運営会議

③ 併設養護施設との定例協議会の実施

・文部省指定「特殊教育実験校（訪問教育）」を受託―昭和60年度からの3年研究

昭和63年9月―全国発表。文部省（菱村初中局長）から感謝状受賞

・新潟県精神衛生協会・中越支部評議員

・三条市就学指導委員

(2) 新潟市立養護学校長（平成元～2年度）

・関東甲信越地区　放送視聴覚教育研究大会（ＮＨＫ後援）― 新潟大会副会長

・文部省指定特殊教育実験学校（重複教育）研究運営協議会長―平成3～

・新潟市就学指導委員

7 退職後（平成3年4月～）

計良益夫は、退職してからも障害児教育、教育・福祉行政などに関わり、ここでも大きな貢献をした。以下はその概要である。

(1) 教育・福祉行政

・平成5～　　　金井町教育委員会　社会教育指導員
・平成7～16　　金井町教育委員～教育委員長
・平成16～　　　佐渡市教育委員～教育委員長
・平成24～　　　佐渡市老人クラブ連合
・平成25～　　　佐渡市社会福祉協議会　評議員

(2) わが街を語る

―壺（島）中の真―　新潟県金井町教育委員長　計良益夫

全国特殊教育連盟機関誌「発達の遅れと教育」・[各地からの発信] に掲載

佐渡ケ島の旧赤泊街道、梨の木峠には何千何万体の小さな石地蔵が祀られています。

石地蔵とともに、子どもたちを慈しみ、守り育てと祈り続けてきた「佐渡びとの心」が、島の教育にはっきりと現れてきたのは昭和28年(1953)の暮れ、吉井小学校長を会長に「精神薄弱児教育研究会」が発足し、翌春、第1回の研究会が開催されたときです。以来50年、障害児教育は全島に広がり、県立知的障害養護学校が1校、小・中学校の特殊学級が20校・23学級の設置をみたのであります。

このような歴史の中で、佐渡の中央部に位置する金井町では、3校ある小・中学校に、4つの特殊学級と3つの通級指導教室が設置され、佐渡ケ島の障害児教育の中心的な役割を担っています。特に昭和45年に開級した「佐渡・ことばの教室（言語・難聴教育施設）は、島内全市町村の支援を得て、金井小学校をセンターにして、島内３地区に分教室を設け、訪問指導を実施しています。

「佐渡・ことばの教室」では、訪問・通級指導のほか、障害別学習会、講演会、相談会や広報紙・誌、実践報告書の発行等々に、担当職員は八面六臂の活躍を続け、島内はおろか、新潟県の障害児教育推進に大きく貢献しているところです。

開級以来30余年、こうした着実な実践が「読売教育賞」や「博報賞」につながり、全国的な評価をいただいたことは、ご承知のとおりであります。

新学期が始まりました。子どもたちの元気な、明るい声が教室に響いています。

関係者のさらなるご精進により、子どもたちの「生きる力」を養い、育てられるよう心からご祈念申し上げます。

(平成12年6月号)

(3) 地域貢献

計良の40年の教職歴をたどると、年代、地域性、変遷し続けた教育理念・制度、障害児教育観、社会・教育課題 〜 などに取り組み続け本人の努力・姿勢・人柄が結実し、「佐渡の計良」になった。

教職を退いてからも「教育・福祉」の面で、地域になくてはならない「計良益夫」の存在は計り知れない。なかでも、20年も続く金井小学校支援の1例を以下にあげる。

— 計良ご夫妻様 — (御礼状)

緑が鮮やかさを増し、さわやかな風に鯉のぼりがのびやかに泳いでいます。

先日も、計良先生からご指導を頂きながら特別支援学級の子どもたちと職員でサツマイモの苗植えをさせていただきました。本当にありがとうございました。

いつものように、ご夫妻の人柄にふれ、子どもたちも私どももそれに甘えさせてもらいました。お菓子や冷茶まで頂戴し、お心遣いに感謝するばかりです。

畑と子どもたちと

秋のイモほり、文化祭に向けた作品・製品作りにがんばります。何卒、これまでと同様、学校にもお運び戴きましてご指導ご支援くださいますよう願っております。子どもたちも先生方も「けらじい」「計良先生」とお待ちしております。

お二方、おからだ・ご自愛ください。

平成24年5月25日　担任　佐々木玲子

計良は、「ウチの畑を生活単元学習の場に使こうてもろうて、20年も超えたかの、子どもたちの元気な笑顔をこっちも待っている。いや、子どもたちからエネルギーを貰ろうとるんダッチャ」と笑っている。

あれほどの教育・福祉の実践をあげ、退職後も類を見ない地域貢献を続けている計良は、地域のコンダクター・マネージャーでもある。今も！　だから、町の老いも若きもみんなから敬愛をこめて「けらじい」、「けら分（親分)」、「計良先生」と呼称されている。

本人は「おれが今あるのは、若いもんが押し上げてくれたからダッチャ」といつも後継者たちを讃えている。そして、「この歳になって、あの子どもたちの心に灯をともすマッチになれたと思っていたが、子どもたちから命の灯をつけてもろうて……果報者ダッチャ!!」とほほ笑んでいる。

8　計良益夫が残している業績

(1) 佐渡の特殊教育の開拓

計良益夫は、真野小学校や新穂中学校などでの精神薄弱学級、両津小学校の健康学級など、佐渡における初期の特殊学級設置に尽力するとともに、研究会等で特殊学級の経営について発表し、高い評価を得ている。

特筆したいのは、佐渡唯一の児童養護施設「新星学園」の県立移管に伴い、県立新潟養護学校新星分校の初代教頭に任ぜられたことである。そこでの苦労は前述したとおりである。

(2) 全国で例をみない「佐渡・ことばの教室」の運営

広大な佐渡全域を対象に言語障害や難聴の子どもたちに、万遍なく教育を施すというシステムを実践した。金井小学校をセンターに、遠隔３地域の拠点校に分教室を設置して有資格教員が巡回指導にあたるという方法である。これが全国的にも注目され、教育賞の対象になった。

(3) 退職後も教育・福祉に貢献

計良の教職時代の実績や人柄は、退職してからも多くの引き合いが待っていた。金井町教育委員・教育長、合併時の教育委員・教育長、福祉協議会評議員など枚挙に遑(いとま)が無い。そして、今でも地域の学校支援に温かい手を差し伸べている。

(4) 壺中（島）とはいうが、深沈重厚な人柄

「深沈重厚なるは、是一等の資質なり」

これは、ご存知明代の思想家・呂新吾(りょしんご)（呂坤(りょこん)）の「呻吟語」の一行である。リーダー・先達者として最重要な資質とは、常に深く課題を思案し、私利を抑えて実行できる人格者でなければならないという趣旨だろうか。

筆者は、取材がてら計良との語り合い、また、計良を知るかつての教頭や同僚、後輩、地域の人たちとの話をまとめながら、計良の辿った各ステージの業績を見るにつけ、この一行に行き着いた。即ち、真野小学校から始まる教育歴、退職後の教育・福祉行政への貢献歴を辿ると、「計良だからできた

……」と評価されるのである。

また、計良は、学校の管理職といっても、人事権も財政権も持たないことから、事業の実現に向けて保護者や地域の声、メディアも力にして有力者・関係議員の力を活かして行政を動かす……など、「表だって言えない仕事もあったなあー」とそのころを懐かしんでる。

蛇足になるが、「呻吟語」の二・三等をあげると、

・磊落豪雄なるは、是二等の資質なり

・「聡明才弁なるは、是三等の資質なり

となっている。

【計良益夫略歴】

昭和　6年（1931）　生誕・佐渡郡金澤村泉
昭和 25年（1950）　新潟大学教育学部入学、家庭の事情で退学
昭和 26年（1951）　玉川大学文学部（通信）入学、昭和 31年卒業
昭和 27年（1952）　外海府小助教
昭和 30年（1955）　七浦小講師
昭和 31年（1956）　七浦小教諭
昭和 33年（1958）　真野小教諭
昭和 38年（1963）　真野小　特殊教育主任・学級担任
昭和 39年（1964）　新穂中学校　新星学園　分教室担任
昭和 41年（1966）　県教育センター研究員
昭和 43年（1968）　両津小　健康学級担任
昭和 44年（1969）　金井小　金沢大学内地留学
昭和 45年（1970）　金井小　佐渡・ことばの教室開設就任　教室主任
昭和 52年（1977）　金井小　新潟日報社からの巡回指導車受領
昭和 53年（1978）　県立新潟養護学校新星分校　教頭
昭和 54年（1979）　読売教育賞（学校賞）受賞　　博報賞（個人賞）受賞
昭和 60年（1985）　県立月ケ岡養護学校　校長
平成 元 年（1989）　新潟市立養護学校　校長
平成　3年（1991）　退職
平成　5年（1993）　金井町教育委員
平成　7年（1995）　金井町教育委員長
平成 16年（2004）　佐渡市教育委員長

平成24年（2012）　佐渡市老人クラブ連合会長
平成25年（2013）　佐渡を美しくする会・理事

【計良益夫の主な研究発表・講演歴】

昭和47年（1972）全国難聴・言語教育研究会　東京都
昭和48年（1973）日本言語障害児教育研究会　清水市
昭和51年（1976）全国言語・難聴教育研究会　神戸市
昭和63年（1985）福祉医療委員全国会議　新潟市

（坂井信也）

あとがき

昭和29年（1954）、小学校4年生だった私の2学期の通知表は「真っ白」でした。

9月初めの遠足で雨に打たれ、その後体調をこじらせ腎盂炎になり、入院と自宅療養を与儀なくされ、12月末までの2学期をすべて欠席となった結果でした。

県立柏崎養護学校の創立が、ちょうどこの年（昭和29年4月）となっていますが、療養所の中に「新療学園」として発足したばかりでしたし、もちろん私の両親も「腎臓病の子どもが教育を受ける学校」の存在を知らなかったと思われ、私は「病気療養児に対応する教育」を受けることができませんでした。

その病弱養護学校に関する「提言」が、最近新聞に投稿されていました。

> …医療技術の進歩によりぜんそく児でも重症でない限りは在宅療養が可能になり、多くの病気の子どもが地域の学校に通うようになった。そのため全体の患者数は増えているのに病弱特別支援学校の在籍数が減り、学校全体の縮小につながっているのである。
>
> しかし、通常学校での病弱児の立場は厳しい。過去には1型糖尿病の中学生が低血糖改善のため校内で「補食（甘いものを食べ血糖値を上げること）」をしていたところ、友人から「学校でお菓子を食べている」と言われていじめを受け、不登校になった事例の教育相談を受けたことがある。教員や級友が糖尿病の中学生への配慮事項を共有できていれば、いじめを防ぐことができた可能性が高かったとみられる。（一部抜粋）
>
> （朝日新聞　平成26年（2014）8月22日東京福祉大学准教授　松浦俊弥）

今日、「障害のある子どもが通常の学校で障害のない子どもと共に学ぶ」ことの大切さが強調されるようになりました。

平成18年（2006)、国連で「障害者の権利に関する条約」が採択されました。

そこには、「インクルーシブ教育システムとしての共生社会の実現」を目指して、

※ 障害のあるものが教育制度一般から排除されないこと

※ 自己の生活する地域において初等中等教育の機会が与えられること

※ 個人に必要な「合理的配慮」が提供されること

がうたわれています。

そして、障害のある子どもが障害のない子どもと一緒に学ぶには、「障害のある児童の最善の利益が主として考慮されるものとする」（権利条約第7条）として「周囲の人たちの障害のある子どもたちへの明確な配慮」が不可欠であることを示しています。

文部科学省は、権利条約を受けて『共生社会の形成に向けたインクルーシブ教育構築のための特別支援教育の推進』（報告）の中で、次のように述べています。

> 基本的な方向性としては、障害のある子どもと障害のない子どもが、できるだけ同じ場で共に学ぶことを目指すべきである。その場合には、それぞれの子どもが、授業内容が分かり学習活動に参加している実感・達成感を持ちながら、充実した時間を過ごしつつ、生きる力を身に付けていけるかどうか、これが最も本質的な視点であり、そのための環境整備が必要である。
>
> （「季刊特別支援教育」№48　P 35　平成25年1月20日発行から）

さて、時代を振り返ってみると、先達・辻村泰男の意見が思い出されます。

戦後厚生省児童福祉官として心身障害児の養護事業に携わり、その後文部省特殊教育室長を経て、神奈川県久里浜に「国立特殊教育総合研究所」が開設された際、初代所長に就任した辻村泰男は、当時の文部省大臣官房編「文

部時報」第1,145号(昭和47年10月号)で、思い切った意見を述べています。

今から42年前の意見ですが、まさに時代の変化＝今日の、特殊教育から特別支援教育への移行＝を見抜いていたかのようですし、「特別支援教育」の実現を願っていたのです。

> わが国の通常の学校の、通常の学級で行なわれている伝統的な教育の諸条件をそのままにして、いま特殊教育学校や特殊学級の囲い込みから障害児を普通学級に追い帰してしまって、一番ひどい目に遭うのはいったい誰であるか。先生も困るし教育委員会も困るかもしれないが、いちばんみじめな目に遭うのは障害児たちなのである。
>
> なぜなら、通常の教育の普通学級の中では、ひとりひとりの個性と能力に応じる教育が十分にできず、個人差を尊重するということばがたんなる歌い文句に終わっていて、とても極端な個人差には応じきれないからである。
>
> このように私はあえていう。本当は、通常の教育が、もっと極端な個人差に応じられるように変わってもらいたいからである。そのために特殊教育などなくなってもかまわないのである。
>
> 本当にその必要がなくなって特殊教育が消滅するのなら、こんなすばらしいことはないではないか。
>
> (1978日本文化科学社刊　辻村泰男著『障害児教育の新動向』のＰ21「いわゆる統合教育の考え方」 注：当時の表記のまま)

障害のある子どもが通常の学級で障害のない子どもと共に生活しながら、個々の障害の状態に応じた適切な教育を受け、生きる力を身に付けていくことができれば、これほど幸いなことはないと思います。

「障害のある子どもたちが障害のない子どもと共に学びながら、障害に応じた適切な教育を受けるために何が必要か？」と問われれば、本書で示した

「障害のあるわが子を目の前にした家族や教師たちが、子どもたちの教育のために必死の思いで取り組んだ、学校探し、学校創り、教育課程の編成、指導方法の開発、環境整備、制度設計、理解啓発などなどに真摯に学ぶ」ことだと思います。

私は、小・中学校の通常学級と特別支援学級、特別支援学校それぞれが、それぞれの立場で「障害のある子どもに対する本当に適切な教育」の実践を積み重ねていってほしいと願っています。

本書を執筆しながら、辻村泰男が願っていた「本当の意味で特殊教育が消滅する」時代がいつくるのか、静かに見守っていたいと思っている昨今です。

平成26年12月1日

小杉敏勝

【著者略歴】

青木　仁

昭和53年4月、新潟県公立学校教員（中学校社会）に採用。平成5年3月上越教育大学大学院修了。平成12年度から25年度まで、県教育庁義務教育課指導主事、新潟県立はまなす養護学校長、小出養護学校長、東新潟特別支援学校長。平成26年度から南魚沼市立総合支援学校長となり現在に至る。主な論文に、「新潟県の特殊教育諸学校における地域のセンター的役割の現状と課題」第16回聴音研シンポジュウム報告書（2005)、「新学習指導要領に向けた特別支援学校の現状と課題」上越教育大学特別支援教育実践センター紀要16（2010)。

小杉敏勝

昭和42年4月小学校特殊学級担任として新潟県採用。その後県立高田養護学校、東京学芸大学附属養護学校で知的障害教育に携わる。特殊教育行政を経て、平成9年度から16年度まで新潟県立上越養護学校長、新潟養護学校長、高田養護学校長を務める。平成18年度から22年度まで、社会福祉法人上越福祉会知的障害者施設つどいの郷所長。著書に『教育0の解消』(北越出版、2007）共著、『一粒の麦』(北越出版、2012）共著。

小西　明

昭和52年4月、新潟県公立学校教員に採用。視覚障害教育、肢体不自由教育に携わる。県立教育センター教育相談・特殊教育課長を経て、平成14年度から平成26年度まで、新潟県立高田盲学校長、新潟盲学校長を務める。主な論文に「縦断資料からみた視覚障害児の運動発達」日本特殊教育学会第29回大会（1991)、「越後の盲教育」上越教育大学障害児教育実践センター紀要第12巻（2006)。著書に『教育0の解消』(北越出版、2007)。

坂井信也

昭和35年4月、新潟県公立学校教員に採用。昭和51年の異動で新潟大学附属中学校特殊学級の授業兼務が障害児教育との出会いとなる。翌52年、附属小・中学校の特殊学級が附属養護学校に改編され、配置換えの希望がかなって養護学校勤務となる。以降、障害児教育に携わって19年（行政8年・現職11年）、平成10年3月、県立高等養護学校長で退職した。その後、専門学校や障害者施設に関わって、今日に至る。著書に『ウチの学校』（新潟日報事業社、1997）。平成20年（2008）「瑞宝双光章」叙勲。

髙橋　淳

昭和62年4月新潟県公立学校教員に採用。知的障害、視覚障害、肢体不自由等の特別支援学校を勤務。平成21年度から県教育庁の特別支援教育指導主事を経て、平成24年度から新潟県立はまぐみ特別支援学校長、小出特別支援学校長を務め、今日に至る。平成18年度から平成22年度まで文部科学省学習指導要領改訂委員、知的障害教科書編集委員歴任。著書に『学習指導要額ポイントと授業づくり』（東洋館、2010）共著、『新しい自立活動の実践ハンドブック』（全国心身障害児福祉財団、2011）共著。

外山武夫

昭和56年4月新潟県公立学校教員に採用。平成2年4月から新潟大学教育学部附属養護学校（現附属特別支援学校）で知的障害教育に携わる。その後、新潟県立新潟養護学校（現東新潟特別支援学校：肢体不自由）、新潟県立新潟聾学校（聴覚障害）を経て、平成15年度4月から新潟市教育委員会学校指導課特別支援教育担当副参事・指導主事を務める。平成20年4月から新潟県教育庁義務教育課特別支援教育推進室副参事・指導主事、平成23年4月から新潟県立月ヶ岡特別支援学校長を務め、今日に至る。

丸山昭生

昭和 41 年 4 月新潟県公立学校教員に採用。昭和 49 年 4 月から特殊教育（言語障害）に携わる。県教育庁特殊教育指導主事を経て、平成 4 年度から平成 14 年度まで、新潟県立高田養護学校長、新潟養護学校長、柏崎養護学校長を務める。その後、上越教育大学講師（平成 16 年 2 月～ 20 年 3 月)、長野大学非常勤講師（平成 22 年 4 月～今日）を歴任。著書に『教育 0 の解消』（北越出版、2007）共著、『一粒の麦』（北越出版、2012）共著。

捨身の願い　～新潟県の特別支援教育を切り開いた人々～

発行日　平成27年2月25日

著　者　新潟県特別支援教育史研究会

編　者　丸山昭生・小杉敏勝・坂井信也

発行所　北越出版
〒942-0082 新潟県上越市国府3-9-5
TEL 025（543）9715

印刷所　吉原印刷

表紙デザイン / 室橋デザイン　　定価1500円（税込）